what?

比打工度假更重要的11件事

【出國前先給自己這份人生問卷】

褚士瑩 著

不要讓已知的小世界，
變成阻止我們瞭解更大未知世界的最大敵人。

褚士瑩

CONTENTS

第 1 件事 **我有必要出國嗎？** 008

如果你所有的夢都去追的話，結果只會迷失自己。
—— Neil Young

第 2 件事 **出國的目標是什麼？** 049

20 年後，你會對想做而沒做的事情，比做了卻後悔的事情更讓你悵然。
所以放開繩索，從安逸的港口駛航出發吧！

第 3 件事 **出國能做什麼工作？** 079

讓自己的世界變得更大，盡量不要讓已知的小世界，變成阻止我們了解更大的未知世界的最大敵人。

出國前
先給自己這份人生問卷

目的地

第4件事 家人是助力還是阻力？ 115

如果覺得家人沒有看見自己的獨立跟能力，
並不代表問題出在父母，
而是自己的「客戶服務」做得太差。
因為我們沒有把心力用在我們生命中的 VIP。

第5件事 錢要多少才夠用？ 139

錢本身通常不是最大的問題，
自己才是最大的問題。

第6件事 出國就會變語言高手嗎？ 157

語言不好，根本別想出國？
但你也別以為語言像鼻子過敏，出國就自動會變好。
學語言要有很清楚的目標，學習對自己最有用的部分。

CONTENTS

第 7 件事 出國後的我，會跟出國前不一樣嗎？ 183

如果想要透過出國打工度假，
進入別人的社會成為參與者，
學習態度就不能把自己定位在一個
「出國撈錢賺外幣的年輕人」，
而是一個「透過工作的形式，
把自己和世界變得更好的人」。

第 8 件事 出國多久才可以學到新事物？ 217

別為自己設下太多限制，
只會阻撓自己瞭解這個世界，
失去了出國接受觀念洗禮的真正意義。

第 9 件事 陌生人可以相信嗎？ 243

兩個不認識的人，只有在見第一次面時才是陌生人，
一旦聊過天，彼此加為臉書好友，
一起吃過飯，這輩子從此就再也不能算是陌生人了。

出國前
先給自己這份人生問卷

目的地

第 10 件事 **遇到麻煩怎麼辦？** 263

當我完美的行程計畫出差錯時，
我身體裡那個沉睡的背包客，就會醒來，幫我導航，
讓原本一場不愉快的災難，
突然變成另一段充滿非日常風景的小旅行。

第 11 件事 **出國回來以後做什麼？** 289

因為攀登高山，
所以你能夠站在高處看世界，
而不是為了要讓世界可以看見你。

START

第1件事

我有必要出國嗎？

- Q.1 你因為「無聊」才出國？
- Q.2 夢想有多少，就追求多少嗎？
- Q.3 問問自己出國的理由？
- Q.4 混不下去就出國？
- Q.5 知道「我不知道」嗎？
- Q.6 願意以人生做賭注嗎？
- Q.7 誰是夢想失憶症患者？
- Q.8 自己的態度是什麼？
- Q.9 值得追求一輩子的事？
- Q.10 掌握夢想的方向了嗎？
- Q.11 生命真的有轉彎的機會嗎？
- Q.12 看世界的高度在哪裡？
- Q.13 人生用來選擇？還是用來活？

Q01 你因為「無聊」才出國？

「我好想出國。」最近一群朋友聚餐的時候，有個當了好幾年上班族的友人嘆了一口氣。

「要去哪裡？」我問。

「哪裡都可以，只要不要待在這個無聊的鬼地方就好了。」朋友這麼說。

「去做什麼？」我緊接著又問。

「什麼都好，念語言學校也可以，當背包客也不錯，打工度假好像也很讚，因爲不用準備很多錢，搞不好在國外遇到豔遇，從此就留在國外囉！啊！不然看你在哪裡，我跟你去做國際志工好了……」

我還來不及回答，話題很快又轉移到別的地方去，哪一家的生魚片蓋飯好吃，CP值超高，哪個團購網的APP這個禮拜有很划算的面膜，還有老闆的八卦……

出國，變成像腳踏車換煞車片般隨意的東西，**人生出現難以駕馭的情況時，彷彿出個國，一切就會自然而然變好了。**

語言會變好，能力會變好，心情會變好，薪水會變好，甚至很多人相信只要自己換個國家，原本平凡的相貌，突然就會變成東方大美女。

到目前爲止的人生，超過一半以上的時間生活、工作都在異國的我，聽到別人這麼草率討論出國的決定，像是遇到討厭的頭痛就想趕快吞止痛藥一樣，不禁立刻胃腸翻攪，頓時五味雜陳。

外表雖然若無其事，但是我的內心正在狂嘶怒吼：「我討厭你這種人！如果只是爲了改變眼前無聊的生活而出國的話，老實說不用費事去旅行，你只需要一根棉花棒就夠了！」

我的「一根棉花棒改變一生」的方法非常簡單，不信的話，只要下次看到有陌生人正在用棉花棒掏耳朵的時候，故意走過去用手輕輕推一下，只消不到兩秒鐘，保證雙方的生命都會從此完全改變——對方會因你而一輩子成爲聾子，你也會因故意傷害罪而坐牢。有什麼別的方法比這樣輕輕一碰，就可以從此改變兩個人的命運更加簡單的方式呢？所以我常常提醒想出國的人，**「改變」不應該是出國的目的，改變應該只是追求夢想過程當中自然產生的副產品**，像是提煉石油的過程當中，必然產生可以用來鋪路的瀝青，否則用棉花棒眞的比較快。

Q02 夢想有多少，就追求多少嗎？

改變原本是好事，追求夢想也是好事，但如果夢想就像天上繁星，可以隨手拈來，只要有夢就追，追逐一個夢接著另一個夢，我卻不那麼確定。因爲就像老歌星Neil Young在〈The Painter〉歌詞裡面說的，**如果你所有的夢都去追的話，結果只會迷失自己，不單不會讓人覺得滿足，反而覺得筋疲力盡**。

覺得無聊去旅行的人，出國的短暫刺激過去以後，很快就又會回到無聊的狀態，只是這回——換成在國外無聊。

覺得出國隨便去做什麼都可以的人，其實什麼都不適合。因爲那就好像手持著電視遙控器，呆坐在沙發上無止無盡的轉台，無論有多少頻道，很快就會覺得無聊吧？**不知道自己要找什麼的人，結果也什麼都找不到**。

眞正的夢想，應該是讓人有「**非做不可**」「**不做會死**」的強烈情緒的事情，**絕對不會是「這也不錯」「那也可以」的那種**。

迷惘的眞相，通常是因爲我們在可有可無中做選擇。**飢餓的人，不會輕易選擇不吃；非**

要到一個目的地不可的人，也不會輕易選擇不出發。

如果當過背包客、住過青年旅館的人，也應該有遇過這種人的經驗。就在無止境的背包旅行中流轉，日復一日，年復一年，從尼泊爾加德滿都的四眼天神廟到泰國曼谷的考山路，從加拿大西岸的溫哥華到印度西岸的Goa，既停不下來，也不知道要到哪裡去，就這樣毫無目的地從一個國家流浪到另一個國家，從一家青年旅館到另一家青年旅館，手上拿著一瓶啤酒，等待著新鮮的事情出現，來場精彩的人生轉折，但隨著年紀越來越大，無聊感逐漸增加，越來越不知道自己還能做什麼，只剩下緊抓著一點點資深背包客的身分。

正像提煉石油，追求夢想的過程當中除了得到珍貴的燃燒動力，還有可以鋪設夢想道路的原料，但也不能忽視帶給這個世界的污染，或消耗了不能取代的有限資源，這裡所說的「稀有資源」就是一個人有限的青春生命和時間，而所謂的「污染」，就是爲了達成夢想犧牲的代價。

對夢想無止境的追求，一個都不願放手，就像跨國石油公司在全世界地底深處瘋狂的挖掘與探勘，到後來，已經**搞不清楚到底是真正需要，還是純粹的貪婪**。

如果真的是追求夢想的話，其實只需要一點點就夠了。

任何一個小小的夢想，都值得好好追求一輩子。到孟加拉去創立Motherhouse品牌的日本女生山口繪理子，她出國賭上人生的事，也不過就是想證明在當地廉價、隨手可得的黃麻纖維，也能變成手工精品而已。

Q03 問問自己出國的理由？

出國追尋夢想，有點像去參加昂貴的成長課程，既然願意掏腰包，應該沒有人是特地去聽講師插科打諢，講黃色笑話，或是看長得很帥的講師會不會突然來個前滾翻、後滾翻、吞火把、跳火圈之類的，但在上課的過程中，我們很容易會被華麗的噱頭吸引，而忘記了初衷，忘記一場好的演講不在於「娛樂度」，以至於我們誤以爲好的表演者就是很讚的演講者，我們被娛樂了，直到回家以後，悵悵然若有所失，說不出來得到什麼也想不起來講者到底說了什麼。

所以**出國的理由是什麼？是在出發前必須問自己非常重要的第一個問題**。

在網路一個背包客的討論區裡，有人回答說出國是爲了「切斷不愉快的現狀」，有人則說「想看不一樣的風景」「想看到不一樣的自己」。

應該沒有人會認爲，只要掏錢去參加了昂貴的成長課程，就一定能夠改變人生，那麼出國也是這樣。因爲如果只是想改變，卻不知道自己爲什麼要改變，或沒有夢想作爲燃燒的動力在行動的背後支撐，甚至還沒想清楚要透過改變，讓未來的自己變成什麼樣子的話，其實不用出國，你只需要前面提到的用一根棉花棒。

出國尋求生命改變的時機，可以是十六歲，當然也可以是六十歲，追尋改變的動機，簡單地說，也可以區分成「正面的追求」跟「負面的逃避」兩種。兩種同樣促成改變的動機，一種是正面的，另一種則是負面的，從單純的行動上看來，雖然同樣都是離開故鄉到另外一個國度去生活，到一個新環境去勇敢迎接改變，但**動機不同，卻往往決定了出國是否能夠有真正的收穫**。

抱著正面態度迎接改變，找到非做不可的事情，就是一種順從自然，發現天賦的過程。然而如果是爲了逃避現實的不如意，無論是因爲剛剛經歷一場椎心刺骨的情殤，還是離開一份如噩夢般的工作，或是因爲找不到工作、沒有考上理想的學校，基於這種負面心態進行的改變，無論出國去做什麼，或又得到什麼，**一旦回到自己的地方面對現實以後，一切彷彿又被拉回原點，猶如從一場美夢中醒來，並不會為人生加分**，只會變得更難面對現實而已。

Q04 混不下去就出國？

小留學生已經不是一個新鮮的名詞，逐漸成爲這個社會上多元的教育生態系統當中的選項之一，就像有些家庭偏好自學方案，有些則特別喜好德國華德福教育系統，當然也有選擇讓孩子從小就出國讀書的，但無論是家長還是學生本身，如果只是覺得「啊！不行了！」而想出國的話，我的建議是請再多撐一下，**直到把自己的狀態調整好為止**。

我的外甥女從小就覺得自己跟台灣的環境格格不入，不但不能適應在台灣的教學方式，對於台灣的流行風尚也毫無興趣，於是她從小學高年級起，就遁入自己細心建立的小世界，安潔莉娜‧裘莉是她的人生榜樣，艾薇兒的歌曲是她的最愛，英文版的《哈利波特》跟《Sister and Traveling Pants》小說是下課時間讓身邊幼稚的臭男生變成視而不見的魔法棒。

她從小學開始，就年復一年央求母親讓她出國讀書，而且一定要到加拿大魁北克的法語區，那裡是艾薇兒的故鄉，或許在那裡，她可以跟艾薇兒一樣在很年輕的時候，就知道自己要對世界說什麼，過著即使對著照相機伸出中指也不讓人討厭的人。她的父母當然無法理解，爲什麼一個明明在台灣長大的孩子，竟然會對家鄉過敏。

實際上，她的身體也不斷的求救，想要離開。她的手指皮膚，患了一種嚴重的皮膚病，只要每到夏天空氣潮溼的時候，手指就不斷的龜裂脫皮，一層一層從手上剝離，讓人無法想像那是一雙美麗少女的手，所以她總是把自己的手緊緊握成拳頭狀。從小到大，我不知道有多少個夜晚，看著她一面握著筆寫作業，一面疼得流眼淚，沒有人可以幫她。

無論看了多少醫生，吃、搽了多少藥物，都束手無策，就連皮膚科的權威醫師也只能搖著頭說：「只有搬離開台灣，到一個沒有那麼潮溼的地方，手才會好。」

她在學校雖然不是功課很差的學生，但是從來也不會名列前茅，數學科目讓她束手無策，各種莫名其妙的規定讓她惹上各種麻煩，包括違反學校規定擅自穿耳洞，有一天上課時間老師突然打電話到家裡問她的母親：

「您的女兒說，她必須打耳洞，因爲這是家裡的宗教信仰因素。可以請教一下，您家是什麼宗教？」

讓她的媽媽一時語塞，從小不擅長說謊話的她也只好心裡一面咬牙切齒，一面在電話這端含含糊糊地說：

「啊！確實是這樣，至於什麼宗教……這個嘛我也不清楚，因爲是我婆婆……」

這件事情後來不了了之，但卻變成家族裡的一則笑話。

在這之後，她的皮膚炎更加嚴重了，在學校的表現也越來越差，在台灣似乎眞的待不下去了，於是他們開了一場家族會議。

「如果這一學年，妳的期末成績進步到百分之九十，就答應讓妳出國。可是如果沒有達到標準的話，就必須一直等達到這個目標爲止。」她的媽媽這麼說。

有了這個約定以後，她開始對於課業異常勤奮，那個學期，雖然她仍然不愛讀那些教科書，雖然每天寫作業一握筆就疼得掉淚，卻眞的得到了很好的成績，連自己也從學校成績得到了前所未有的成就感。

她的父母親並沒有因爲女兒成績進步，試著說服她留下來考個好高中，而是依照約定，讓她隻身前往魁北克實現從小的夢想。有趣的是，雖然在短短的一年之內，出乎意料之外爭取到出國機會，但卻發現原來自己一點都不喜歡加拿大法語區，因此自行申請到美國去繼續高中的學業，但是她確實在地球的另外一邊找到了自己的第二故鄉。

當我問她的母親，當年既然已經決定要讓女兒出國，爲什麼還要做出課業要求，她說：

「雖然聽到各式各樣的例子，在台灣教育制度下幾乎混不下去的孩子，出了國之後表現出奇的好，但是無論未來多麼成功，終其一生，總都會記得自己在年少的時候，**曾經因為自己不夠好而逃避**。但是我希望自己的孩子知道，她並不是因爲不行才出國的，而是將出國當成一種達成目標後的獎賞。」

聽了這一番原委之後，我忍不住想要起立鼓掌。因爲在我的同儕之中，確實不乏一些從小父母就灌輸孩子「混不下去我們就出國」的觀念，我總覺得不知哪裡怪怪的，但是聽了這一番話以後，我突然明白了。

一旦變成生命的逃兵，無論未來獲得什麼樣的成就，都無法彌補自己對於逃避的深深罪惡感，還有對於自己能力的懷疑。我的外甥女能夠昂首闊步，一個人在異鄉學習跟世界平起平坐的方式，坦蕩而自在地追尋自己的理想生活，都要感謝當年她的母親，沒有允許她落荒而逃。

能夠過一場理直氣壯的人生，是一個人能夠給予自己最珍貴的禮物。

Q05 知道「我不知道」嗎？

某一個週日的午後，我正好人在台北，聽說當天下午在唐青古物行有一場由兩個台大的學弟，爲了尋找最好的社會企業原型，休學去世界各地一邊旅行、一邊參訪，回到台灣後辦的第一場分享會，好奇之下我也興致勃勃前往。在他們提到的一些例子中，有一個孟加拉的Motherhouse特別吸引我的注意。

其實這個品牌的創業者山口繪理子（Eriko Yamaguchi），她的故事對台灣來說並不陌生，因爲台北的門市就設立在年輕知識分子時常造訪的台北光點旁邊，而且創業故事也在此間出版了中文版的書籍叫做《以愛創業》。但是我特別感興趣的，是年輕的她爲什麼能夠走出這一步？

山口繪理子在慶應大學期間的暑假，到美國華盛頓特區的一個叫做ＩＤＢ的國際組織實習，她被分派到一個大規模的專案計畫裡，也在那遇見了很多來自世界各地受過高等教育與經驗的教授。然而當她知道這些教授們從來沒有到過開發中的國家時，她覺得有點不是滋味，並且懷疑現在他們的計畫是否眞的能幫助到開發中國家的人們，於是她下定決心要去開發中國家，實習一結束她馬上飛往孟加拉，至於選擇孟加拉的理由很簡單，僅僅是因爲這是亞洲最落後的國家。

或許是她出國時遇到的震撼，和我當年開始背包旅行時的經驗很相似，讓我特別有共鳴。當山口繪理子步出達卡（Dhaka）國際機場時，馬上被一群乞丐包圍，在吵雜的大街上，她看到當地人的物質生活是那麼樣缺乏，街上的嬰兒哭聲，而大部分的嬰兒連衣服也沒得穿。山口對於這樣的經歷非常震驚，她問自己：「**同樣為人，我該為他們做什麼**？」她決定申請進孟加拉的一所研究所，同時尋找她要的答案。我記得第一次在印尼、印度當背包客旅行時，也就是因爲日復一日受乞丐包圍的經驗，因此種下了改變我一生的種子，決定我未來選擇到ＮＧＯ工作。**如果不是出國，我的人生可能就不會有如此的轉折**，讓我在多年後成爲一個ＮＧＯ組織工作者，因爲我想要用有組織、有制度的方式，改變弱勢者的生活方式。

反觀自己在**出國之前，我知道自己「知道什麼」，也知道自己「不知道什麼」**，比如說我知道自己「知道什麼」：不怎麼怕冷、從小就喜歡綠色的東西、偏好吃泰國菜跟圓形的水果、能夠輕易分辨咖啡的好壞卻無法區分人的好壞、不喜歡頭髮濕濕的睡覺、我知道自己數學不大好、歷史年代跟化學元素表總是記不起來，總之，這些事情都是我確知的。

同時，我也知道自己「不知道什麼」，我不知道相對論、量子物理學、不知道如何正確施行心肺復甦法、不知道高速公路收費站的價格、叫不出來電視螢幕上出現的名人、不會修理電器、不會跳舞可能也永遠學不好、不會使用工程繪圖軟體ＣＡＤ、無論如何努力揣摩，甚至到車站長板凳上去睡一夜也不能眞正理解當街友的感受。

但最難的，並不是這些我知道「自己知道」，或是「不知道」的事情，而是那些**「我並不知道自己不知道」的事。如果不是因為出國的體驗，我將永遠不知道「自己不知道」**。就像現在回想起來，在我還不懂得加減乘除以前，我就算看到數字也不知道它們的意義，只像電話號碼只是一串數字。但是自從會了加減乘除以後，**我就完全改變了**。我看到數字43的時候，看到一個質數，如果43出現在收銀機的螢幕上，可能是40加3，也可能是50減7，因爲這決定我要如何付錢。我甚至無法想起，在此之前，我對於數字43是否有什麼看法。

在地球的另外一個角落面對乞丐，跟在自己熟悉的城市面對乞丐，感受竟然有如此巨大

想一想我知道什麼？

- 不怕冷
- 喜歡綠色
- 偏好泰國菜
- 數學不太好
- 記不得歷史年代

想一想我不知道什麼？

- 高速公路收費站的價格
- 叫不出電視螢幕上出現的名人
- 不會修理電器
- 不會跳舞也可能永遠學不好

的差別，就像在學會運算法則之前、之後所看到的數字43，應該是完全不同的。這是我萬萬沒有想到的事。

Q06 願意以人生做賭注嗎？

從小在一塵不染的日本長大的山口，生活在猶如大型垃圾場的孟加拉，想當然耳遭遇到很多困難，遇到好人，也遇到騙子，當然也有佔她便宜的壞心人，最重要的是，她觀察到所謂的國際捐款和外國援助，並沒有眞正的觸碰到人民實際上的需要，因此她決定要**用更直接、更永續的方式幫助窮人**，否則就算送一百萬件T恤到非洲，最大的意義也不過就是送T恤而已，是不會爲窮人的生活帶來任何實質改變的。

Motherhouse產品的六項宗旨，其實正是反映了山口這個出了國門到孟加拉的日本人，對於如何終結這個世界弱勢與貧困的思考：

1、產地生產製造。

2、良好的工作環境。

3、高環保。

4、高品質。

5、與製造者分享銷售與產量等資訊。

6、符合公平貿易原則，不壓榨員工。

這六件事情雖然看似簡單，身爲一個NGO工作者，我知道那不是隨口就可以說出來的，就算說得出來，也不是任何人可以輕易做到的。如果說曾經在學校遭到霸凌，以至於好幾年無法正常上學，中學差點變成混幫派的不良少女的山口，最後終於找到的人生夢想，就是用餘生實現這六件事，也不算誇張。

實際上，山口希望用自己生命的故事，告訴其他「不知道做什麼的人」，**透過追尋，誰都可以找到屬於自己的答案，因為人不是生來就被交付了什麼使命，也不是生來就有什麼使命能夠驅使自己採取行動，所謂的人生，就是讓我們探尋那個使命的漫長路程**。

「我自己也常常感到迷惘。那些迷惘只不過是爲了讓我察覺到Motherhouse就是我眞正使命的序曲。」山口在自己的書裡面這麼說，「正因爲不知道，所以我**仔細的思考**。**思考再思考、思考再思考**。那樣的歷程持續了一年以上，我終於找到自己的起點。」

我曾經遇過一個大學教授，很無奈地告訴我一個小故事，他任教的學校贊助學生去國外圓夢，竟然有學生理直氣壯地問教授：

「老師，您覺得我的夢想應該是什麼？」

彷彿學生問的是一道有標準答案的化學方程式似的，教授朋友當場爲之語塞，我跟這位老師分享山口的回答：

「如果沒有努力的面對自己，卻來告訴我『我不知道自己想做什麼事』，那麼我也只能說：『請好好思考。』——**請思考到找到自己想做的事為止。**」

想不到的事情，當然不可能做到。如果在自己生活的國家裡，**找不到這樣值得以生命作為賭注的事情，那麼此時「出國」就變得十分必要了。**

當然，我這裡說的「出國」，是針對生活在非常狹小的台灣而說的，如果一個生長在中國大陸的年輕人，只是抱著「到別人的島上看一看」的渴望，大可像在中國微博上紅透半邊天，原本在上海著名的廣告公司當紅牌AE的「花總」，爲了「想要盡量把自己的觸角伸得長一點、感受不同的溫度、不同的冷暖」，於是到東莞去潛伏當工廠作業線上最基本的工人、幹粗工，其實那種體會到「自己原本不知道自己不知道」的震撼，力道已經足夠，根本不需要出國。

無論出國與不出國，換個客觀環境看到不認識的自己，接受「不知道自己不知道」的事情所帶來的衝擊，震撼像無數的餘震慢慢平息以後，變成一股重新整理生命紋理、正面追尋的力量，這才是眞正值得期待的改變。

Q07 誰是夢想失憶症患者？

如果夢想太多，什麼夢都去追尋的話，結果通常兩頭落空，但我看到身邊有另外一種極端，卻是「夢想失憶症」的患者，生命中沒有夢想的脈搏跳動，也沒有熱血沸騰的溫度。這樣的人，就該去旅行。

我並不是說，沒有夢想的人一出國自然就會點燃夢想，而是**出國可以讓夢想失憶症的患者踏出擴大舒適圈的第一步**。

有一個住在新竹的讀者Jenny在最近一場演講後，寫了一封感謝信，謝謝我闡述了旅行和夢想的價值及重要性，還有在簽名時同時為她寫下的座右銘，也是印度聖雄甘地的名言：「成為你想在世界上看到的改變（Be the change you want to see in the world）」，她說很符合目前的心態，因為心裡一直覺得想突破一些事，往更好的方面去發展，去擴大格局。

接著她跟我說了一件當天下午剛剛發生的事情，她陪同事去「貓中途之家」領養一隻貓。問同事為什麼想要養貓呢？這位同事說：「因為寂寞，所以想養寵物作伴。現在唯一的夢想，就是把貓好好養大。」

讀者Jenny非常驚訝，這夢想會不會太微小了……她說，難道大家出了社會，快到中年，都患了夢想失憶症？

夢想失憶症……這樣的形容眞是一針見血。媒體也**形容這是世代收入微薄、地位卑微、連夢想都顯得微小的「三微青年」**，但是就像Jenny猜測的，我身邊確實充滿了在夢想路上邁進的人喲！

夢想失憶症，的確是這一輩年輕人很常見的「症頭」，因爲好好努力好像也是22K，不好好工作好像也餓不死，無論在台灣，或是日本，似乎許多年輕人都罹患這種像流行性感冒雖然死不了，卻沒有什麼藥能醫治的病症。原本我只要聽明明可以做大事的人，最大的夢想就是想開一家民宿，或開一家咖啡廳，追求「小確幸」，就覺得渾身發癢，夢想是「把貓好好養大」，應該算是創了新低。

如果夢想失憶症眞有解藥的話，其實也很簡單，只有兩句話：「你的舒適圈有多大，世界就有多大。」

連續幾年來，我注意到劍潭附近的一個巷子口，每到了夏天總會出現一個流動攤販，這個攤子有時候開業，有時候休息，連個像樣的招牌也沒有，不過也沒什麼關係，因爲她賣的東西簡單到不行，基本上只有一種東西，就是米苔目冰，唯一的選擇就是從三種簡單的配料裡面選兩種，完全沒有什麼花稍之處，價格也很便宜，一點都不像是會吸引台北人的東西，生意也很清淡。

每當我經過，正好看到老太太有營業時，總會特意停下來吃一碗冰，順便跟她聊一聊。

「阿婆，妳的米苔目都是自己做的嗎？」我看到碗裡的每一條米苔目，大小形狀都不相同，跟一般市面上機器製作出來的顯然很不相同。

阿婆很開心終於有人注意到她的作品，很得意地說：

「對啊！每天我都自己做出來賣，連米都是自己種的。」

「啊？還自己種米？」這下我精神都來了。

「我哥哥是台中鄉下的米農，所以每年他都會幫我留做米苔目的稻子。」

原來好吃的米苔目，不是用隨便的米就可以製作出來的，得要用不多不少、不長不短，放了恰恰一年的在來米磨成粉來揉製，當天做多少賣多少，做少了來不及臨時現場補，做多了也不能放隔夜。

「賣冰這個行業對天氣是很敏感的，如果沒出太陽或下雨，根本就賣不出去，所以每天都像賭博。」這解釋了她爲什麼有時候營業，有時候休息，而不像其他的攤販每天都固定出來做生意。

「還好，賭的不是什麼昂貴的資本，就是拿自己的時間跟勞力當作籌碼……」阿婆話匣子一開，似乎就關不上了。「要是沒賣完，剩下的米苔目要四處拜託送人吃，也是很累人的哪！」

習慣出餿主意的我，忍不住說：

「那剩下的爲什麼不乾脆賣米苔目湯呢？」

畢竟她已經有一個賣熟食的攤子了，在我眼中，似乎是個自然而然的邊際效益。沒想到，阿婆的說法讓我很驚訝：

「那怎麼可能！米苔目湯賣的不是米苔目，是湯頭，是煮湯的那些小菜，完全不一樣啊！太難了……」

我倒是從來沒這麼想過。原來在賣米苔目的攤販眼中，拿來做剉冰的米苔目，跟拿來煮湯的米苔目，竟然是完全不一樣的兩種生意！

Q08 自己的態度是什麼？

相信對於有一些人來說，米苔目這兩種生意根本是應該結合起來才會有更好的效益，因爲這樣一來無論是冬天夏天、晴天雨天、白天晚上，米苔目都可以找到顧客，漸漸地客人只

如果是夢想太多，
什麼都去追尋的話，
結果通常兩頭落空。

如果是夢想失憶症，
就需要解藥，
也就是勇敢走出舒適圈。

要想吃米苔目，就會到這種專賣手工米苔目的店家來，說不定吃了鹹的以後，接著吃碗甜的作爲完整的一餐。

但也有些人就像阿婆這樣，認爲只能賣米苔目冰，而且只有在夏天出大太陽的時候才決定出門做生意，所以一年眞正出門做生意的日子，加起來恐怕不到一百天，顧客因爲不知道哪一天會有得吃，自然也不可能特地爲了一碗米苔目冰，冒著白跑一趟的風險，遠道來到阿婆的小攤子，久而久之，生意自然就越來越不好，只能做路過客人的生意。

當然，並不是說生意做得較大的就是成功，說不定阿婆對自己看天吃飯的悠閒生活非常滿足，但是即使是一碗米苔目，原來也反映了好幾種不同的人生態度。

看別人的故事總是那麼清楚明瞭，那**我們自己的態度又是什麼**？

賣米苔目的阿婆沒有什麼不好，自家種的稻自己每天用手做的米苔目，在這個對於手工重新充滿敬意的城市，好好的做，認眞歡喜地做，絕對沒有賣不完的道理。賣不好的眞正原因，只是阿婆**看輕自己所做的事**，她得了很重的夢想失憶症。

我不認爲夢想越大越好，要不然「江醫師的魚鋪子」就不會存在，社會上一般不會覺得一個收入穩定豐裕的腎臟科醫師，應該去賣魚，但這個「讓想買無毒的魚的人，都可以買到」的微小夢想，江守山抱著醫師每天看五十個門診病人的執行力，或許不會一帆風順，卻足以變成台灣社會上一個無可取代的成眞夢想。

有夢想，也有執行力的人，不用出國也可以做到，但是如果發現自己周邊的人最大的夢想竟然是「把貓好好養大」，而自己連這個把貓養大的執行力都沒有的話，**勇敢走出舒適圈，做好準備走出國門迎接改變，或許是唯一能讓「夢想失憶症」起死回生的極端電療法。**

Q09 值得追求一輩子的事？

不止一次我在網路上讀到一句據說是日本小說家本間久雄的話：「很多人都是三十歲就死了，八十歲才埋葬。」這句話我很喜歡，直接翻譯成英文給幾個外國朋友聽，他們也都很有感覺。無奈的是，我無論怎麼搜尋查證，都找不到原文證明這句很棒的話確實是本間久雄說的。

在開始準備構思這本書的時候，我剛經過幾個禮拜在波羅的海的航行，拎著非常輕的隨身背包，從德國北方的港口Kiel下船，我之所以決定在這裡下船，不隨著大家回到丹麥的哥本哈根，是因爲我突然想搭火車到柏林去住幾天，過兩三個禮拜，我還要在瑞典斯德哥爾摩的港口跟大家會合，一起到俄羅斯的聖彼得堡。

能夠想做什麼，就如願做到，是件人生不容輕忽的幸運，但絕對不是巧合。如果我二十九歲那一年的時候，沒有離開在外國企業當上班族的日子，就不會有機會在十年之後，在Plon的小站稍微下車停歇，只是爲了貪看日耳曼美麗的湖光山色在夏天的陽光下閃耀。

到了柏林以後，會住在什麼地方也沒有決定，很可能到一個來自阿根廷的老朋友家，也可能住在一家青年旅館的六人房宿舍，或許是我在網上看到有點設計感的小精品旅館，反正不會很困難。

在火車上，收到一封讀者的電子郵件來信，他的主旨是「舉手發問」，吸引了我的注意，信是這麼說的：

……助人工作者往往需要把腳踩在泥濘裡，但要把手指向遠方的彩虹。你爲何一直相信眞的可以看見彩虹？你怎麼看待腳下的泥濘？你在書裡提到了幾次放棄，每次都很有勇氣，……可是決定的當下，你的前方並沒有明確的道路。你怎麼有勇氣拋棄一個不夠好但是堪用的方法，去擁抱未知？

於是我決定回了一封這樣的信：

我在小學的時候，曾經讀到一段影響我一生的話：「不要因爲注視天上星光之故，而踐踏了腳下的玫瑰花朵。」從此我抱著這樣的心態，來衡量夢想與現實之間的關係。

夢想是一道虛線，這道虛線指出一個明確的方向，眼前的現實道路卻不見得沿著這道虛線直直前進。可能蜿蜒崎嶇，有時甚至反覆倒退，但是只要還看得見方向，路是怎麼曲折的，就沒那麼重要了。剩下的，就是在沒有捷徑的長路上，是否能夠神清氣爽的欣賞沿途風景，不慍不火、不疾不徐，我不知道自己會不會有一天到達可以摘下星星的距離，但是我確實知道只要在路上，只要每天更接近夢想一點，我就更接近成爲一個自己喜歡的人。

很快的收到回信，除了謝謝我認眞回答他的問題之外，又多問一句：「但是你又怎麼知道那是値得耗費一生去追尋的夢想呢？」我想了一會兒，是啊！人生在世可以做、値得做的事情那麼多，**我怎麼知道什麼才値得追求一輩子呢**？

雖然天上星星很多，既然會被仰望的，就算不是我的夢想，也應該會是別人的夢想吧？我看得到的，別人也都看得到，所以不用覺得所有的星星都非得跟我有關係才行。

一路走來，就算觸碰不到星辰，甚至不確知是不是這顆星星就是目的，但是確實一路風景美好，玫瑰盛開芳香，那不也無比眞實？就像此時此刻我搭著車票上面沒有車次也沒有目的地的二等列車，既然沒有一定要在什麼時候趕到哪裡去不可，我這趟火車旅行，怎麼有可能失敗呢？

我喜歡德國人的一種性格，那就是無論貧富貴賤，每個人都喜歡親自動手，不是像美國人爲了炫耀才能而動手，也不像台灣人想要省小錢而動手，而是很純粹喜歡。一個有手創習慣的人，習慣在追尋的過程當中犯錯，一個會有許多假設性的問題，多半是個想得多、做得少的人，這沒有什麼不好，但是或許從**現在開始，提醒自己開始動手做得多一點，腦中的沙盤推演少一些。至少你會上路，不會當一個終生在路旁指指點點、觀望的人。**

當一個**行動者在先，才能換得一些思考的權利**。寧可當一個用自己的靈魂交換雙腿，終究還是化成水沫的美人魚，也不要當一個只能透過插圖卡敘述別人故事的「寶寶故事熊」。

我本來也不知道什麼是「故事熊」，最近參加親子綜藝節目錄影時，聽到當場一位打扮入時的母親，得意洋洋地說，她不需要每天念故事書給孩子聽，累得半死，因爲現在有一種玩具熊，買越多圖卡就可以講越多故事，只要按一下按鈕，故事熊就會自動說故事給孩子聽……

多麼省心省事！

可惜，這個孩子，可能永遠不會聽到爸爸跟媽媽如何相遇的故事，或是媽媽小時候聽虎姑婆的故事嚇得睡不著，爸爸搜索枯腸竭力想不出童話故事，於是開始追溯童年成長的種種趣事，每一個故事，都是孩子成長記憶中不可磨滅的珍珠，因爲無論再怎麼多、再怎麼方便，故事熊說出來的，永遠還是別人的故事。

我不用追求轟轟烈烈、精彩蓋世的故事，因爲我知道我的生活當中，永遠不缺乏平淡的生活故事，但是我知道每個故事對於我自己都有點特別的意義。

Q10 掌握夢想的方向了嗎？

追求夢想的過程當中，我們受教育，學習語言，認眞工作，但很有可能忘了無論是念書還是工作，都是爲了成全身體裡面那個愛作夢的孩子，相信自己透過努力可以變成音樂家、太空人、作家、工程師、科學家，而不是畢業可以去考高普考、念語言所以可以通過語言檢定、工作可以領薪水買新手機，做了很多「正確的事」以後，卻怎麼樣也想不起來到底是怎麼走上這條路的。

說實在的，我或許從小到大太專注於看顧灌溉著自己的夢想，以至於不大知道也不怎麼關心其他人的夢想是什麼。我還能夠清清楚楚記得小學第一次寫「我的志願」是在什麼時候，寫了什麼內容，不知道你還記得多少？

小時候寫的夢想常常是爲應付老師交差而寫的，可是一旦不需要被評分、給分數，而是寫給自己的時候，**你是否知道自己要寫什麼？而不是「應該想做」什麼？**我覺得在台灣教育的薰陶下，很容易就一心想著非寫個正確答案不可，以至於即使問「我的夢想」「我的志願」如此個人、如此私密的問題時，也會自然而然回答「這是我眞的想做的嗎？」之前先想到「什麼是家長、老師想聽到的。」於是，夢想就像一顆種子，很輕易被一層灰蓋住，那層灰是我們教育體制下，事事追求標準答案的懶惰習慣，偷看一下提示，知道正確答案是什麼以後，就再也無法想除了這個答案以外的事了。

小學生寫起夢想來都超級華麗，對當時的我來說，是連聽都沒聽過的夢幻工作，但是我印象最深的是有同學的夢想超級務實：想要當爸爸！還有一位女同學，毫不掩飾說她的夢想就是嫁入豪門當貴婦，另外有好幾個人，都不約而同說想要環遊世界，當時只有我寫了想要當農夫，結果媽媽就被約談了。

其實夢想就是這樣，有些會實現，大部分則不會。小時候想要當太空人的玩伴，但他從來沒有如願，實際上，台灣到目前爲止也從來沒出過太空人，他後來眞的去念航太科學，可是畢業後進了Intel當工程師，現在是人人稱羨的資深副總裁。我則有幸十多年前開始到緬甸北部的「毒品金三角」協助建立當地第一個有機農場，讓一些原本在山區種罌粟花的少數民族農民改種合法的經濟作物，從埃及到美國，離開科技業後在NGO工作，繞了一大圈後才如願當上農夫。

從我們兩個人的例子來看，難道可以說他是夢想沒有達成的失敗者，而我才是達成夢想的成功者嗎？如果我那想要當爸爸的同班同學，眞的十三歲就不小心當上爸爸，那他是否就應該登上夢想實現的冠軍寶座？

很多人說「生命自會找到出口」，我是相信的，如果眞的想做一件事情，終於會實現，雖然實現的方式往往出乎意料之外。

透過旅行來改變生命，或許是給夢想最多氧氣的方法了。

「加油吧！」我在心裡這麼說，火車也緩緩駛入終點站Lubeck車站的月台，我要下車換下一班火車，這裡沒有前往柏林的直達車，但是我只要知道下一班車往對的方向靠近，那就夠了，可能是Bad Kleinen，也可能不是，反正我只要有方向，接下來我有一整個下半輩子的時間，可以慢慢寫我自己的故事。

Q11 生命真的有轉彎的機會嗎？

如果以爲夢想是年輕人的專利，我對賣米苔目的阿婆過於苛求，那麼允許我告訴你一個故事。

十八到三十歲，是人生無可反駁的青春歲月。過了三十歲以後，當然還是可以青春無敵，印度人瑞Fauja Singh，不也是在一百零二歲前夕跑完了10K的香港馬拉松？只是這樣的無敵青春，需要多費點勁去經營。

如果說，人生就像一本書，而**你是這本書唯一的作者**，當然也可以選擇把自己的青春，花在每天一成不變的刻板生活，對日復一日的自己即使沒精打采，也不敢踏出舒適圈去過你所羨慕的、別人活得比你更精彩的生活。

只要對自己的人生負責，沒有任何怨言，就算放棄所有面前的機會，別人當然也沒資格評斷什麼。只是花一輩子的時光，卻寫出一本連自己都覺得很枯燥、不值一讀的書，既不像百科全書那樣有全面性，也沒有字典的正確性，甚至沒有產品使用指南的參考價值，真的是我們想要花一生寫成的人生作品嗎？

如果給自己一年的時間踏出去看世界，讓生命有轉彎的機會，會有什麼結果？

最壞的打算，不過是白白浪費了一整年的生命，出國卻什麼都沒有得到，從將近一百年的漫長人生來看，這不過是人生中很小的一個章節，搞不好只是人生這本書裡面的其中一頁而已，損失真的不大。到了八十二歲的時候，我們真的會計較那年輕時浪擲的一年，害我們沒有辦法完成原本八十一歲的時候可以完成的事嗎？

萬一，這一年，從此改變未來人生的六十年呢？

人生這本書，如果因此開始變得有高低起伏，充滿扣人心弦的人物跟故事，變成一本值得一看再看的書，可不是很划算的事嗎？

更何況，花一年去想去的地方，做想要做的事情，要是什麼收穫、心得體悟、成長統統都沒有的話，就跟中樂透頭獎一樣難。

年少的時候，我受到諾貝爾文學獎作品集的意外啓發，決定要去世界各地旅行，用自己的眼睛親自去看這些故事的場景，除了用打工存下來的錢去當背包客旅行外，我還希望去外國工作，最好也能去有趣的外國念書。

既然不想爲了自己的夢想跟家裡伸手拿錢，所以出國念書也不能去消費太貴的地方，記得當時我找了兩個心目中覺得最特別的地點，一是西伯利亞的薩哈（雅庫特）共和國的國立雅庫茨克大學，第二是埃及的開羅大學，後來我果眞到了埃及念書，住在尼羅河旁邊，有時當導遊，有時當口譯，週末跟考古系教授去金字塔整理古蹟，晚上無聊就去街角莎草紙店裡幫忙畫仿古畫。

當時覺得能夠透過念書的機會，一面念書，一面旅行，一面工作，我覺得超開心，一點都沒有窮留學生辛苦的感覺，因爲覺得經過一個轉彎，原本平凡無奇的人生故事集，終於開始變得越來越好看了。

在國外旅行、生活、工作、求學的過程中，除了精彩、美好的體驗，也毫無防備必須開始面對挑戰價値觀的事件，目睹人世間的不公平卻無法插手，還有無數讓人難過到掉淚的景

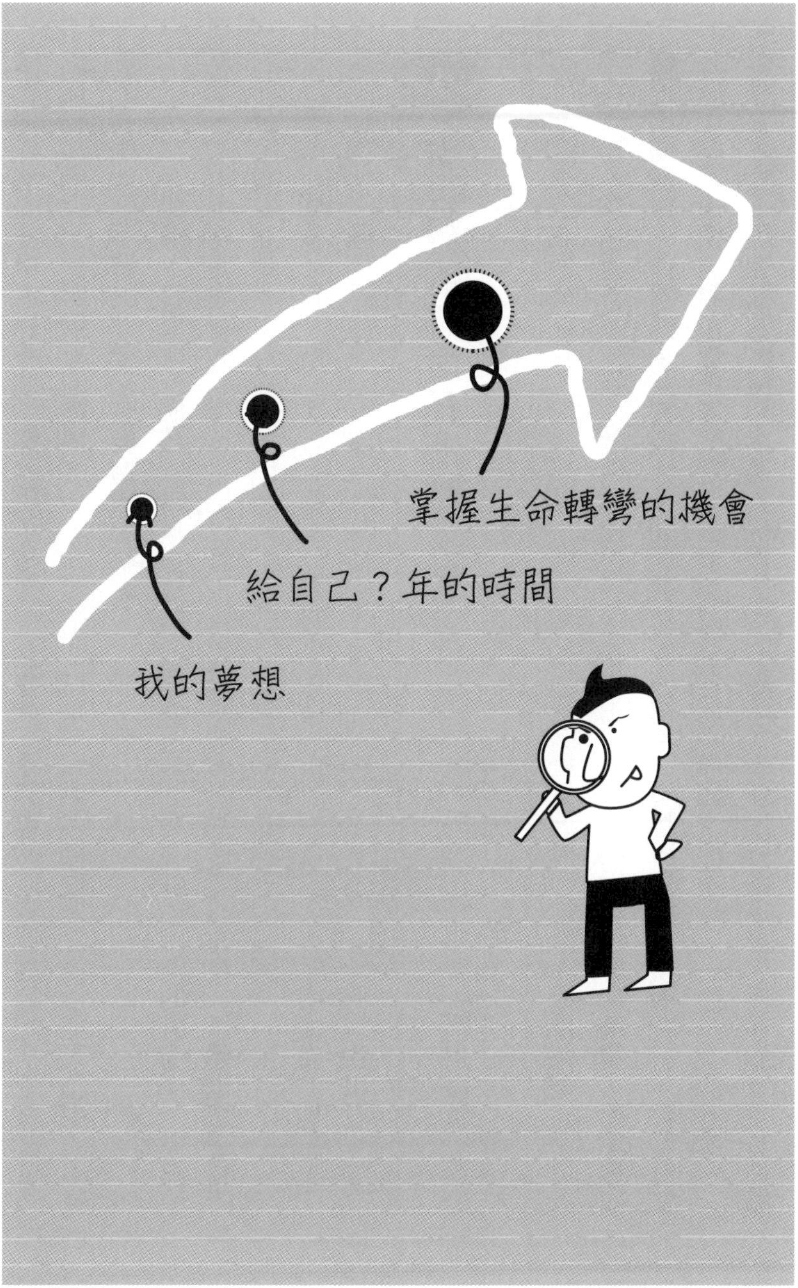

掌握生命轉彎的機會
給自己？年的時間
我的夢想

象，但這些人、事、物不像拍照的電子檔案，不夠美、不喜歡的，只要輕輕按一下按鍵就可以從腦海刪除，經歷情緒的震撼之後，我開始問自己：「與其抗拒、忽視這些人生中的不完美，**我為什麼不做點什麼來改變這些現狀呢？**」

不知不覺間，我變成一個在國際NGO的工作者，那些避之唯恐不及的麻煩事、災難、不幸，不知不覺變成我的夢想，這是帶著年輕生命開始出國旅行之前的我，作夢也想不到的生命變化。

而我，既不是第一個，也不是最後一個這麼做的人。

Q12 看世界的高度在哪裡？

不管單調或是精彩的人生，都是一場旅程，我當然可以選擇，對世界抱持好奇心，勇敢迎接改變，學習語言，找到一個跟這個世界平起平坐的方式，改變**看世界的角度，而不是僅僅把出國當成一件事情來「完成」，如果觀念沒有改變，看世界的高度沒有提升，那麼就算完成了單車環遊世界，也不過就是「去騎腳踏車很久」而已，而不是「一生一次的壯遊」。**

「改變人生的壯遊」與「出國去玩很久」的區別，不在於行動本身，而在於有沒有把關鍵的問題想清楚了才上路。我眞的有必要出國嗎？要怎麼做家人才會支持？錢的問題怎麼辦？那麼語言呢？出國以後能做什麼？只是像國際流浪漢，背著家當，從一個青年旅館漂流到另一個青年旅館而已嗎？世界跟我有什麼關係？我該如何面對文化差異？陌生人可以相信嗎？遇到危險怎麼辦？出國回來後又能夠做什麼？**想清楚了之後的行動，力量就完全不同**。

10K的馬拉松跑1小時32分又28秒，不是什麼了不起的紀錄，但Fauja Singh老爺爺的完跑，沒有人不爲他高興，也沒有人會否認這是一種成功。

實際上，人生的轉彎處在Fauja Singh八十多歲的時候才來到。身爲錫克教徒的他，是個大字不識一個的印度農夫，一九九四年有一天跟兒子在鄉下老家的田裡工作時，突然颳起一陣大風雨，眼睜睜看著一片金屬廢物隨風飛來，當著他的面砍斷了兒子的頭。白髮人送黑髮人已經是傷心欲絕，更何況是名副其實天外飛來的橫禍，一度Fauja Singh不想活了。最後老爺爺決定離開傷心地，搬到倫敦去跟另外一個移民英國的兒子住，當地的錫克教徒，爲了鼓勵他走出人生陰影，在人生地不熟的大都市倫敦找到一點生活的樂趣，開始邀他一起晨跑，有一天他突然在電視上生平第一次看到馬拉松賽轉播，當場決定這就是他往後人生的新目標，於是在西元二〇〇〇年，也是他八十九歲那一年，第一次跑了倫敦馬拉松，三年後，又在多倫多馬拉松五小時四十分完跑，並且陸續參加各項國際馬拉松賽事。

「我從來沒想到跑馬拉松這件事，可以讓我這個不識字的農夫，到世界各地旅行，遇見很多達官顯要，還能住五星級飯店……」他在香港馬拉松完跑後接受記者訪問時說，「從人生悲劇中，生出了許多成功跟快樂。」

我們看故事的人都知道，神奇地讓悲劇變成幸福的，不是馬拉松，而是Fauja Singh老爺爺自己。

從現實的觀點來看，跑馬拉松一點都不實用，既不能當職業，也不算專業，搞不好還會造成運動傷害，但瘋狂的曾祖父Fauja Singh跑馬拉松的故事，多麼讓人熱血沸騰！在遇到瓶頸的時候，幾乎痛不欲生的時候，對於外來的人生有所懷疑的時候，**想清楚為什麼要給自己一段時間出國，開始去做一件從來沒做過的事，生命衆多的選擇中，人生要如何轉彎，甚至來個很漂亮的甩尾，是我們欠自己的一份人生禮物。**

Q13 人生是用來選擇？還是用來活？

我看過一部Emilio Estevez自編自導自演的電影，英文片名叫做「The Way」（朝聖之路），大致上是說一個逐漸年邁的眼科醫生，沒有辦法理解年近四十的兒子，爲何突然放下事業與前途，選擇一個人走上背包客去旅行的道路，結果兒子在法國鄉間意外猝死，悲傷欲絕的父親立即前往當地處理善後，在警局瞭解意外發生的原因，才知道原來兒子事發當時，正從法國到西班牙聖地牙哥的聖雅各八百公里長朝聖者之路（Camino de Santiago de Compostela）上，剛離開從法西邊界的法國小鎮S. Jean Pied de Port不久，就發生了不幸。

一輩子行醫，不曾旅行，也沒有宗教熱誠忱的醫生父親，在此之前從來沒有聽過這條開始於西元九世紀，從歐洲北部穿過法國跨過庇里牛斯山進入西班牙的朝聖之路，因爲西元八一四年七月二十五日在聖雅各城（Santiago de Compostela）發現耶穌十二門徒之一的聖雅各遺骸，從此讓這個城市成了歐洲最著名的朝聖地之一。

領回亡兒遺物的父親，看到兒子背包中只蓋了第一個章的「朝聖者護照（Credencial）」，是每個朝聖者（peligrino）出發之前要先辦的一張通行護照，有點像台灣的城鄉護照上面註記出發地點、朝聖者姓名、護照號碼、地址等個人資料以及選擇朝聖的方式（步行、騎馬趕騾或騎自行車三選一），沿途憑著這張護照沿路蓋章，住宿私人或公設的朝聖者庇護所（Albergue），庇護所提供上下鋪及簡單的淋浴設備，有些教堂還提供早晚餐，朝聖者可以付低廉的價格或捐款入住。完成整個行程，可以得到聖雅各教堂所頒發的拉丁文證書。擁有這張證書的人在過世之後，號稱俗世的罪過將會被減半。

對這一切傷痛毫無準備的父親，背起兒子的背包，背包上掛著代表朝聖者的海扇貝，臨時起意決定延後回家的日期，帶著骨灰盒，代替兒子走完這條朝聖之路。雖然他不知道自己要去的是什麼地方，但就這樣沿路跟著黃色箭頭或是象徵聖雅各的貝殼標誌一直向前，一個多月途經一百六十六個城鎮，沿路撒下兒子的骨灰，遇到各式各樣的臉孔，每個人都因爲不同的理由而共同走上這條朝聖之路，也走上療癒悲傷的路。

大部分朝聖者的終點站是聖雅各城，但也有些人會繼續步行到一百公里之外，在發現美國新大陸之前被認爲是世界的尾端的Finisterre，在這裡把舊的衣服或是行李燒掉，在沙灘上過夜欣賞夕陽跟日出，慶祝新生活的開始，父親於是在這裡，把剩下的骨灰統統撒進險峻的海中，完成了一個人的朝聖儀式。

如果這就是電影的最後一幕，那也未免太過老套。觀眾最後看到的是，這位老醫生的身影，浮現在摩洛哥熙來攘往的市集當中，背上還背著兒子的藍色背包，神情一派悠然。眼科醫生終其一生幫助別人看清世界，但最後卻需要靠旅行來幫助自己看清楚自己的和充滿代溝的兒子的世界。就像兒子在臨行前說的：「**人生不是用來選擇的，人生是用來活的。**」到頭來，**旅行的本質，就是一種對生命的朝聖，無論你決定到哪裡去，或是去多久，走多遠。**

一九七六年生的韓國旅遊作家朴惠英，在她的新書《旅行將回答》中，也記錄了她的這段聖雅各朝聖者之路的朝聖之旅。在一九九九年初次旅行後，便不斷的在各個目的地之間停留和出發，穿梭在世界各地的小角落，認識了來自四面八方的朋友，以旅行者自居的她，將所有寶貴的經驗視爲最踏實的資產。

她說：「**就算是短時間的旅行，也請去旅行吧！**」所以她用自身在韓國累積的豐富打工經驗，來成就行走裝備這門學問，一旦聚集所有的行李就即刻出發。

走在通往聖雅各的朝聖道路上，雖然每個人都因爲不同的理由在不同的生命階段而走上這條路，顯然也都會有著不同的體悟，但是彼此卻都隨時以「Buen Camino（祝你朝聖之路愉快）！」作爲打招呼的用語，就像對於即將出發的旅行者，雖然不知道他從哪裡來，或要到哪裡去，但我們總以「Bon voyage！」一路順風作爲眞誠的祝福，全因爲旅行的本質，就是一種對生命的朝聖。

如果說旅行，是給自己最好的人生禮物，我肯定是第一個舉著雙手雙腳贊成的。但是這份神聖的禮物，會將我們的人生帶到什麼高度，卻是朝聖之後才開始的人生功課。

「有必要出國嗎？」如果你會這麼問，答案就很明顯了。

我只會笑一笑，招招手說：「Buen Camino！」

因爲你眞正需要的不是家人的諒解或是支持，而是**發自內在的勇氣**，是遇見困難時不放棄的勇氣。

我們其實早就知道，我們必須走在一條跟父母或其他家人的人生都很不一樣的道路上，**不能只活在別人的世界跟價值觀裡**，當我們有機會眞正勇敢面對自己內心的想法，走一條跟別人有點不一樣的路時，你願不願意承擔更多風險，還是要繼續以家人反對當藉口，其實只是在逃避選擇之後卻失敗的可能性？

準備好自己，讓自己帶著正面的力量出國，將會帶回更多正面的力量。

但是如果像悲傷的老醫生，在絕望中出國的話，那就必須在沒有找到答案前，有絕不回頭的勇氣，否則這樣的人生，很可能只會越來越糟。

「不用想太多，反正就先出國去看看再說。」這種話我是說不出口的。

請多想一想，想清楚排除了脫離日常生活一成不變的常態之外，有沒有「到別人的島上看一看」的充足理由。如果答案是肯定的，那麼祝你朝聖之路愉快。

第2件事

出國的目標是什麼？

- [ ] Q.1 出過國一定比較好嗎？
- [ ] Q.2 我的位置在哪裡？
- [ ] Q.3 誰來當夢想清道夫？
- [ ] Q.4 我的極限在哪裡？
- [ ] Q.5 誰怕誰
- [ ] Q.6 我是 C 咖嗎？
- [ ] Q.7 我需要觀念上的排毒？
- [ ] Q.8 光有夢想，卻沒有準備？
- [ ] Q.9 標準答案在哪裡？
- [ ] Q.10 出國做自己，就算一次也好？
- [ ] Q.11 生平第一次，有了自己的樣子？

Q01 出過國一定比較好嗎？

我的好朋友中，有兩個命運可說是完全不同，其中一個的人生看起來簡直是亂七八糟，另一個則是幸福快樂。

亂七八糟的那個，大學換了兩個學校，到研究所爲止一共換了三次毫不相干的主修，從設計學院轉到文學院，後來竟然去澳洲念了建築。她是個未婚媽媽，職涯也無可救藥，因爲從學生時代我們就一起到世界各地旅行，所以自然而然就進了旅遊雜誌當編輯，不久之後聽說她辭職到報社當記者跑國會新聞，當記者幾年存下來的一點錢，全部拿出國念了建築碩士之後，回台灣卻在台北東區的巷子裡開了間二手服裝店，過一陣子見面她已經在當仲介賣房子了，好不容易做出一點成績，又忽然改行去賣保險，銀行存款總是捉襟見肘，幾年前進了一個專門協助未成年青少女的未婚媽媽之家當志工以後，似乎就沒再聽說有什麼變動，成了機構的全職員工，薪水比起當房屋仲介時少很多，因爲機構地點在交通不便的山上，所以除了獨立扶養孩子，微薄薪水的一部分還必須要拿出來養車，但是開的也是別人本來要報廢的車免費送給她的。

至於幸福快樂的那個，人生可說是一帆風順，原本打算大學畢業以後出國念書，可是畢業之前校園徵才，得到管理顧問公司的青睞，就放棄了出國闖闖的想法，沒有眞正談過戀愛的她，在父母的介紹之下，跟一個門當戶對的青年才俊結了婚，原本擔心容易流產的體質，但是很幸運在醫生的幫助下生下兩個健康的孩子，現在是一家外商公司的高級主管，在台北市區的精華地段買了兩間豪宅，一間自己住，另外一間用來孝敬父母。她畢業後從來沒有換過公司，但是公司本身倒是經過好幾次的併購，或許她深諳職場生存之道，所以每次裁員或整併都對她有利無弊，每次聚餐時名片拿出來都是比先前更大更有名氣的公司，職位當然也順利的扶搖直上，家裡有傭人、司機，週末全家去美國俱樂部跟其他外商、使館工作的精英人士社交，更加穩固已經無可動搖的社會地位，怎麼看都屬於人生的勝利組。

我自己，則好像夾在這兩個極端的例子之間。

當我往人生的天平兩端，看著這兩個好朋友的人生時，我不禁想著：「她們兩個，**究竟誰覺得自己比較幸福？**」

幸福這種事情，不大能夠用客觀標準來認定。四十三歲的美國人，普遍上來說比起一個同年齡的中國人幸福感更強，對於自己現階段的人生更滿意。美國人在十八歲到四十二歲這段期間，平均更換過十點八個工作，四十歲後才穩定下來，其中也不乏結婚、離婚兩三次的，銀行裡面的存款也不多，自己不生孩子，卻花光僅有的存款到外國領養有先天殘疾的棄嬰，從東方觀點來看，這樣的人生簡直沒什麼成就可言，但是從當事人的口中，我們卻聽到這個人對於自己現在的人生，滿意到不行。

但是我這一路風調雨順、幸福百分百的朋友，卻對於自己人生的眞實價值，充滿了懷疑。

「如果當年我跟你們一起蹺課去喜馬拉雅山旅行，不知道會怎樣？」

「如果當時我選擇先不上班，選擇出國念書，會不會人生完全改觀？」

「如果我當初不是爲了婆婆想要抱孫子的期望，勉強懷孕生子，我還會想要冒著生命危險生小孩嗎？」

「這樣的我，眞的比較好嗎？」

我完全無法回答這位朋友的問題。如果本人都不知道了，我作爲一個外人，哪有可能知道答案呢？但是我知道那個單親媽媽的朋友，她對於自己的人生喜歡得要命，每一天早上都用燃不盡的生命熱情，花二十分鐘點燃那台報廢破車的火星塞。

如果你想知道自己的人生，會不會因為出國而改變、如何改變，那麼唯一的方法就是踏出好奇的腳步去發現。因此不需要花下半輩子想著「What if……」如果當年我怎樣怎樣的話，會不會如何如何，人生會因此更好嗎？或許不盡然，但是至少沒有困惑、沒有遺憾。**一個沒有什麼遺憾的人生，當然是個幸福感滿點的人生**。

Q02 我的位置在哪裡？

長久以來，我們聽到很優秀的年輕人出國，十之八九是出國念書。

至於那些學業條件不好的，基本上是跟出國無緣的，除非上班存了點錢參加旅行團，勇敢一點的去當背包客。但自從開放海外打工度假制度以來，好像開了一扇門，從此「賺錢」成了沒有學歷、沒有外語能力的年輕人光明正大出國的新理由。

年輕人出國的目的，似乎跟自己在社會上的「位置」息息相關。

但是難道出國的目的，就只是這樣而已嗎？

當有人試著跨越這條界線的時候，很容易就成了新聞。

自從只有初中畢業的烘焙達人吳寶春在某雜誌公開的一段影片中，表達他想讀EMBA，結果世界麵包冠軍的頭銜不管用，因爲資格不符被很多學校拒絕，沒想到新加坡大學張開雙臂歡迎，還派十幾位面試官來台，瞬間點燃了媒體砲火，名嘴開罵教育制度太僵化，報紙頭條說人才要出走，電視新聞跑馬燈三天沒有停，總統得知此事，命令教育部火速修法，短短一週內，所有台灣EMBA都爲吳寶春敞開大門，雖然很快的整個事件證明只是一場子虛烏有的烏龍事件，草草落幕，然而當所有的媒體焦點轉移時，我卻開始想兩個可能不會有正確答案的問題：

1、爲什麼初中畢業的麵包師傅非要讀EMBA不可？

2、爲什麼台灣之光出國讀書就是人才出走？

請問，設身處地，如果你就是吳寶春，會怎麼做？

Q03 誰來當夢想清道夫？

爲什麼我們會覺得自己的夢想不可能實現？

二〇一三年Kingston已經推出1TB的拇指碟，也就是1000GB。很難想像第一代IBM在短短十二年前只有8MB，當時覺得這麼小的東西竟然可以裝五張當時流行的三・五吋1・44MB磁碟片容量，簡直是神！有時候，記憶讓我們停格在過去，這些沒有被清除的記憶和經驗往往讓我們無法自由想像科技的可能性。

我眞正要說的是：**我們夢想的格局之所以不夠大，或許是因為你記得的過去太多**。如果自己放不下，也要記得不要用我們過去的常識來限制年輕人的未來，因爲你根本看不懂他清楚看到的未來，因爲你可能只是個覺得自己已經很厲害的64ＭＢ隨身碟。

當你的隨身碟只有64ＭＢ的時候，當然只能想著可以放得進這個64ＭＢ格局的事情；當你只能靠著電話撥接上網的時候，當然不會明白爲何年輕人的家裡根本就不會買電視機的眞正原因。

如果你眞的只有64ＭＢ也沒有關係，因爲很現實的說，你永遠不可能升級成1ＴＢ的夢幻逸品（不多久的未來，勢必也會淪爲低階的基本配備），但這並不代表一輩子就沒有作夢、追尋夢想的權利了，最起碼，你可以當好自己夢想的清道夫，時時檢視、刪除沒有用的舊檔案，沒有用的舊夢想，該刪就刪了吧！很多新的夢想程式又好又小，與其東補補西貼貼，弄得沉重破爛不堪，還不如在有限的記憶空間裡，時時發揮重新來過的勇氣，把剩下的自己發揮到最好的性能。

至於那些不見的夢想，到哪裡去了？

夢想跟細胞一樣，生生不息，但也就像細胞，沒有人說一個夢想被創造出來以後，就不准改變，不能消失。

有生就有死，是自然界不變的定律。生物體發育雖然隨時都在分裂新的細胞，卻同時也有許多細胞死去。是不是像我一樣，你有時也會好奇那些曾經支配著我們生命腳步的夢想，一旦消失以後到底去了哪裡？

細胞會按照生命的劇本演出，在特定的時間點凋亡（apoptosis）死去，也就是所謂「計畫性細胞死亡」（programmed cell death），人體一天中，大約會有十億個細胞進行計畫性細胞死亡，既然細胞凋亡這麼頻繁，那麼，應該如何處理身體裡的細胞屍體呢？細胞凋亡後的細胞屍體，通常是由「專業的」吞噬細胞負責清理，所謂的「全身性紅斑性狼瘡」（systemic lupus erythematosus）之類的疾病，就是因爲身體任憑死去的細胞堆積，無法處理引發的發炎跟自體免疫反應。

那麼誰來消化掉失敗夢想的屍體？又是誰來扮演夢想清道夫的角色？

我覺得**「改變」就是夢想的清道夫**，因爲我們**不斷勇敢迎接改變，夢想才能不斷演化，成長，分裂，帶著我們邁步前進**。

許多人害怕「改變」，這種恐懼是可以理解的，因爲追尋生命的自由，生命的改變本來就是一件需要勇氣的事，但是如果身體不能面對死亡的細胞，身體就會被累積的毒素攻擊。不斷逝去的、失敗的夢想也一樣，如果我們不能勇敢面對，接受夢想之死，承認這些被擊敗的夢想需要被清理，就無法空出地方來讓新的夢想成長，這是爲什麼我非常同意緬甸民運領袖翁山蘇姬在二〇一二年底接受英國ＢＢＣ廣播公司訪問時她說：「……感受眞實、感受良知是需要勇氣的。因爲一旦你感受到了，就必須誠實面對人活在世上的目的。你不可能只閒閒坐在那裡，期待自然而然就有人把自由交到你的手上。」雖然比起改變一個國家，改變世界的翁山蘇姬，我們只想要背著背包出國去見見世面，或是想要透過打工度假去旅行，似乎可笑幼稚極了，但我相信那種對於自由的嚮往，對於生命改變的渴望，是如出一轍的。

捨不得清理掉已經不再有意義的夢想，不肯放手，最後只會變成生命的毒藥。敢作夢，也要敢收拾殘局。夢想跟其他生命中的好東西一樣，舊的不去，新的不來。

不斷追求改變、適應，其實是生物求生的本能，**害怕改變，就是死亡的開始。**

Q04 我的極限在哪裡？

當社會上都把吳寶春當A咖時，他卻因爲自己從小沒有受到過多少教育，覺得自己因爲沒念書，無論多少獎牌的肯定，永遠還是C咖一枚，卻不知道這個社會上，其實也有被郭台銘認爲是C咖的博士或博士班學生。

最好的例子是前一陣子被鴻海郭董點名「浪費教育資源的博士生雞排店」老闆，事隔一個多月後，才終於接受媒體採訪，爲自己澄清事實，他說自己原本在大學當助教，月薪五萬多元台幣，有三個小孩，妻子是高中老師，生活平順，但是四年前，老婆決定離婚求去的痛苦，讓他在只是想找件事來做、分散注意力的情況下，決定去讀博士班，從小讀資優班，後來考上建中、政大，深諳考試之道的他果然一考就上。但是修完學分後卻發現，就算拿到博士學位也不見得在就業市場上有前途，所以就休學去當房屋仲介，房仲只做了四個月，後來才去開雞排店。

他說之所以去當房屋仲介的眞正原因是妻子離婚，讓他意識到自己大學主修法律，成爲每辯必贏的高手，卻從來不知道如何眞正與人溝通，妻子離婚前說他「說話傷人不是傷到皮、肉，是傷到骨。」原本自負的他，藉著做房屋仲介，去菜市場發傳單、挨家挨戶按門鈴，學會接受被拒絕，學會謙卑，直到後來開雞排店，客人開始都說他是個親切的老闆，跟朋友、孩子的關係也變好了。

雞排店就像64MB的隨身碟，眞的很小，但是能夠藉著一家小小的店修行心性，檢視自己，成爲一個身邊的人能夠放心，子女能夠親近，自己能夠喜歡的人，當然是一種成功。

人生的成功，就是理解自己的極限，改變能夠改變的，接受不能改變的，然後在限度內做到最好。64MB的夢想也可以很強大，只是看你是否懂得如何運用而已。意志夠堅定，能夠對於各種閒言閒語甘之如飴的話，不用出國當然也可以做到。

Q05 誰怕誰

作爲一個旅行者，我常常問自己，在這個網路無國界的時代，**到底誰真的需要旅行？**我不斷刪除各種可能之後，最後只剩下一種人：**覺得自己不夠好的年輕人，非旅行不可**。

旅行的形式各式各樣，包括日本「火箭人」漫畫家老前輩水木茂透過「從軍」，也是一種自認爲是C咖的年輕人旅行看世界的方式。旅行的形式十人十色，雖然不會讓世界變大，因爲世界一直都在那裡，但能擴大一個人在世界上所能看得見、摸得到的事物。

我覺得自己很幸運的是，十六歲開始就決定去海外自助旅行，靠的當然是平時打工存下來的錢。第一年，因爲存款很少，所以只夠買鄰近國家的機票，從那一年開始，我就從印尼、馬來西亞、泰國這些比較近的國家開始旅行，因爲買了機票剩下僅存的一、兩萬塊台幣，在這些地方就能讓我省吃儉用待上一整個暑假。慢慢的，我的腳步越來越遠，膽量也越來越大，直到有一天發現就算到埃及唸書，也沒什麼值得大驚小怪時，我知道這個世界已經**沒有什麼能夠嚇倒我了，那真是一種很棒的感覺**。

那段當背包客的時間對我影響很大，但不僅僅是感覺自己那麼渺小、外面世界這麼大，或是外國的麥當勞比較好吃，德國也喝得到珍珠奶茶而已，而是每當遇到世界各國的年輕人，我們一起搭火車，一起住在青年旅館，各自分享自己的歷程時，我就有一次自我檢視的機會，檢視我的應變能力，我的語言能力，我的社交能力，當然，還有我的夢想力。

其實在台灣教育體制下，**我們很容易忘了自己是誰，能夠做什麼**，但是旅行允許我們讓習慣性近視的眼光，從課本和參考書中移開，往地平線的方向遠望，不斷放遠，終於讓自己跟來自世界各國相同年紀，不同種族的年輕人一起平起平坐，就會發現原來自己在世界上的位置，哪些方面的能力比別人強？說不定原本以爲自己是B咖或是C咖的，出國以後卻發現，別人覺得我很棒。

Q06 我是C咖嗎？

當我們踏出去之後，不再只是跟身邊同質性很高的同儕做比較，不再只是跟自己同文同種、念同一本教科書、考同一張考卷、聽同一個樂團長大的人比較，而是重新洗牌在全世界重新做排列，**當你在世界上找到自己的位置，找到自己非常非常喜歡、非做不可的事情，那麼屬於自己的夢想，也就開始發芽了**。

我最近有機會參加一個網路書店安排的活動，跟一群高中職學生聊天，這些學生都是公立學校的學生，其中只有一位來自私立學校，他形容自己的學校是「就算沒有考試成績也可以上的開南商工。」他說接下來想學好英文，原因是三個月後要去馬來西亞參加發明展，英文只聽得懂Yes，No的程度，但不知道要用什麼方法才有可能在這麼短的時間內進步。

好奇之下，我Google了一下這位學生的名字「李世傑」，發現他的語言能力絕對不像自己說得那麼差勁，要不然也不會是「閱讀潛力獎」的得主。實際上，他得獎的發明，正是另外一種語言的溝通：明眼人與視障者的溝通，是一個叫做「Feel the bottle」嘉惠盲人的貼心設計，李世傑就是在隨閱讀團隊參訪台北市啓明學校圖書館時，深深感受到視障同學在日常生活上的不便，正好創意課老師在班上招兵買馬招募挑戰世界青少年發明展選拔賽的同學，於是李世傑便與另外兩位「麻吉」組隊參賽，展開幫助視障朋友大作戰，希望能夠讓眼睛不方便的朋友也能夠和一般人一樣，快速分辨出各種調味品罐頭或沐浴品，進而準確無誤的找到他們所需要的物品。這個讓視障朋友可以輕鬆分辨各種商品的包裝法，是用點字法則製作了各種盲胞專用的說明標示，取代購自於超市的調味料和沐浴品外包裝上的商標，短短八個小時就完成專屬視障朋友使用的點字包裝法，而且只花了三百元台幣的超低成本，可以說是創下科展和發明展的製作成本最低的紀錄，而如此的超低製作成本也足以證明創意是無價的，憑著高度的巧思照樣能夠以小錢研發出令人驚嘆的發明，也爲自己在八百餘件作品中脫穎而出贏得了二〇一二年度的ＩＥＹＩ台灣世界青少年發明展選拔社會貢獻類金牌獎，以及進軍世界青少年發明展的機會。全國各項發明展常勝軍的他，念的不是工科，而是觀光科。當社會用很簡陋的標準，看不起技職體系，嘲笑「學店」，看輕英語不好的人時，我們很容易忘了培育眞正的人才。

我要時時提醒自己，這個世界上沒有Ｃ咖的年輕人，Ｃ咖是社會造就出來的。

Q07 我需要觀念上的排毒？

賽門是我透過Airbnb手機軟體，在柏林分租公寓的德國房東。

三十五歲單身的他，非常滿意自己朝九晚五的生活。身爲稅務士的賽門，專門爲有錢的柏林老太太作稅務規劃，以及當年納粹時期遠走避難以色列的猶太地主，回到德國重新申請當年被沒收土地的所有權，這份工作，他從十九歲在職校建教合作時做到現在。

跟賽門聊天的時候，發現他對於自己在社會上的位置非常清楚，沒有任何自我膨脹，也沒有貶抑自卑的成分。

「無聊？單調？或許吧。可是我眞的很喜歡研究稅法、計算稅。」他說。

我不禁想到台灣的年輕人，**有幾個人能夠理直氣壯地說**，他眞的很喜歡當代書？如果你開始懷疑自己不夠好，甚至開始在自己身上貼上B咖、C咖的標籤，口中開始說「我這樣就已經很好了……」那麼你可能也需要到德國走走，接受觀念上的排毒。

如果你念的是無論在台灣或是中國都不怎麼受重視的技職體系教育，那麼認眞花幾個月，甚至一兩年去德國，就會理解德國之所以製造業獨步全球，依靠的正是百年來建立完善的雙軌職業教育體系（相當於台灣的建教合作），每年有幾個月付學費以正式學生的身分在學校上學，幾個月在公司拿薪水以正式職員的身分上班，直到拿到畢業證書爲止。畢業後可以決定要留在公司工作，或是繼續念大學，**人生的路還是寬廣的**。

曾幾何時在台灣，上大學不知不覺成了唯一的路，這條路也不難走，反正錄取率超過百分之百，只是許多年輕人走得心慌意亂。但在德國，上大學並非年輕人的標準答案，實際上，經濟合作發展組織調查，在德國只有百分之四十的高中畢業生選擇上大學，這還包括在德國念書的外國人在內，所以實際上只有三分之一的德國人進入大學，擁有大學文憑的只有百分之二十，不只是全歐洲，甚至是所有工業國中最低的，這意味著有三分之二的年輕人選擇接受職業訓練，獲得資格證書，但卻沒有人會否認德國國力的強盛，顯示國家整體競爭力不見得只靠高學歷定義。因爲在德國社會，專業才是重點，自認不是讀書的料，七年級就選擇進入相當職校預科的中學，十一年級開始上職業學校，賽門念的稅務訓練就是其中一門。

(X) 只在乎熱門行業。

(O) 自己喜不喜歡，有沒有辦法做到最好？

(X) 把自己貼上B咖、C咖的標籤……

(O) 專業無可取代。

(O) 理直氣壯說，我真的很喜歡我的工作。

只要有專業，無論是挨家挨戶賣保險，還是在投資公司擔任基金經理人，修理空調，還是撰寫大型工廠的全自動節能電腦程式，行行出狀元，在社會上的地位沒有什麼差別，在收入上也沒有什麼差別。

正因爲如此，德國年輕人沒有許多亞洲年輕人典型的、在現實與夢想之間掙扎的「夢想失憶症」，每個人都理所當然地選擇適合自己，自己也喜歡的事情來做，沒有人無聊到特別去選一件自己不喜歡的專業作爲職業。但無論在台北或曼谷，北京或首爾，放棄夢想爲五斗米折腰，卻是年輕人的常識，甚至被當成是成長必經的歷程。

當亞洲學生努力在追逐「熱門」的行業時，德國製造業卻毫不在乎什麼冷門、熱門，只關心自己喜不喜歡、有沒有辦法做到最好，所以舉凡隧道專用的挖掘設備、水族箱周邊產品、大型舞台帷幕或承包貴重藝術品運輸、車子的暖氣，這些對大眾來說很「偏」的專業，德國卻因爲做得很專業，因此可以獨佔這些專業的市場，既然產品具有無可取代性，所以無論景氣好不好，生存都不成問題。

很多人沒有注意到，德國其實是一個缺乏天然資源跟原料的工業國家，人口也不到一億，長年以來卻能夠保有世界出口大國的地位，這都要歸功於德國通過大規模、系統化的職業教育，培養了龐大的高素質技術人才，這些「工人」們在德國人口中佔有相當高的比例，整個德國社會也都非常尊重產業工人，民間並沒有重視白領輕視藍領的氛圍，也就是普遍認爲所謂的「優秀人才」，並非侷限在高科技或學術領域，更包括在普通行業中發揮專長的普通個人。這種廣義的人才觀和平等尊重的社會共識，使得德國有大量年輕人願意接受職業教育，成長爲優秀的產業工人。

「**雖然我有些朋友覺得我的工作很無聊，但是我自己一點都不討厭我做的事情**，實際上，我挺喜歡鑽研即使大部分德國人都搞不懂的複雜稅務制度。而那些說非常喜歡他們工作的朋友，每天卻都要搞到晚上八、九點才能下班，可是我們賺的錢一樣多，我每天都可以五點準時下班，稅務士的工作永遠不用擔心失業，下午五點我就可以騎上我的重型ＢＭＷ機車去兜風，晚上還可以縫紉，過得超開心的。」賽門說。

「縫紉？」我有點驚訝。

賽門有點害羞的打開原本一直關著的工作室房間，露出房間裡他親手精心維護的一九二○年代的德國古董縫紉機。

「自己設計重機車專用皮夾克，是我的嗜好。可是我只做給自己穿。」

穩定的稅務士工作。重型機車。爲自己縫紉。冬天週末去捷克滑雪。賽門從十九歲就開始過著自己找不到什麼缺點的人生。

我無法跟賽門解釋，爲什麼開放海外打工度假會讓台灣年輕人趨之若鶩。在刻板的亞洲教育制度下，台灣年輕人很容易呈現兩種類型，**功課很好或是有份好工作的人，認為出國打**

工度假是一種「浪費」，但心裡總是覺得有種遺憾；至於功課不好或是工作沒什麼前途的，打工度假變成了一種救贖，兩種觀點同樣極端，同樣荒謬，但都來自於對於自己的未來缺乏安全感。

如果到德國，或是任何一個西歐或是北歐的國家，發現原來有些社會裡，並沒有所謂的A咖、B咖、C咖之分，遇到像賽門這樣非常喜歡自己平凡生涯的平凡人，或許會因此改變我們對於自己的看法。

世界上沒有所謂的C咖，只有放在不對位置的年輕人。賽門看清楚自己，也幫助我看清人才這件事。

Q08 光有夢想，卻沒有準備？

有一位自稱是我台大學妹的女生Debby，就讀台大管理學院，畢業前夕聽我說如果要走出國門，成爲一個能在國際上發揮的專業工作者，必須爲自己裝備好專業能力，決定寫一封長長的E-mail給我，希望能夠跟我討論一些職涯規劃上的問題。

在信中，Debby告訴我她已經做的努力和準備。這點讓我很感動，因爲**我不喜歡只有夢**

想卻沒有準備的人，因為這會讓原本很棒的夢想，突然顯得毫無價值，對於「夢想」這麼寶貴的兩個字是多麼大的輕蔑！

Debby說：「我在學校除了本系課程也修了很多社會系、社工系、政治系和地理系的課程（都比本系還認眞），對文化、旅遊、國際發展、NGO、企業永續發展和社會企業這幾塊很有興趣，在學校有參加社會企業的社團，有一些國際志工和去偏遠鄉鎮服務隊的經驗，除了在學校修相關課程，我平常會去聽相關的演講，自己讀國際發展和國際關係的書，目前在實習的網路公司則是在做自助旅遊規劃的網站，也有在摸索寫程式和網頁設計。

目前爲自己設定的長期目標是任職於國際NGO、社會企業或綠色產業（不排除自行創業），短程的規劃是畢業後到荷蘭交換學生半年（期間到歐洲、非洲旅遊，想嘗試去參訪各地的NGO）→印度海外商管實習半年（因爲想增加開發中國家的經驗）→找第一份工作，進大企業學習實務的組織管理能力→幾年後攻讀國外碩士。」

接下來，Debby問了兩個問題：

1.有哪些工作（適合作爲第一份工作）更能幫助我習得NGO可用得上的實用能力呢？醫療產業？綠能產業？科技業？顧問業？海外業務？傳播業？……

2.您當初如何選擇就讀的研究所領域？我目前認爲較可能就讀的是公共管理、NGO管理、社會企業或有提供上述領域研究的商學院（一方面也是因我個人不適合走太學術研究的路線），請問您是否還有其他考量？

經過一整夜的思量，我決定回了這樣的一封信：

「Debby：

初入社會時，因爲我喜歡旅行，只是很單純的不希望成爲朝九晚五的上班族，所以找了一份在美國科技業需要時常出差、外派的工作，可是過了幾年之後，開始感覺到這樣的人生，或許並不是我想追求的，因爲我時常提醒自己，之所以能夠順利的求學、生活、工作，念大眾心目中的一流學府、做許多人羨慕的工作，其實都是因爲我取用了比別人更多社會資源的成果，如果我因此以爲自己高人一等，忘了將使用這麼多資源培養起來的能力，回饋給那些沒有像我那麼幸運的人，那實在是太傲慢了。

所以我希望除了能夠滿足社會人的三個條件：不錯的收入、可以發揮專業的領域、可以旅行之外，還能夠滿足第四個條件，那就是做一份能幫助別人的事。我相信這四個條件是同時可以做到的，這麼分析起來，就會發現我並沒有違背傳統價值觀，就好像我心目中最好的商人，是以適正的價格讓貨品達到流通的目的，一定需要能夠掙錢，否則就不算盡商人的本分，只是利潤不需要極大化，說穿了，就是一種有正義感作爲基石的資本主義，我唯一不同的，只是我不賣貨物，我賣的是NPO領域的專業，如此而已。

這些年下來，我明白一件事：只要夠專業，沒有妳提到的這幾個領域不需要的專業。但是最重要的其實不是走哪一條路的問題，青年必須先培養正義感，才有可能做社會企業。沒有一把很好的尺，時時測量自己是否做對的事情，很容易就只爲達到效果不擇手段，我不認爲社會企業與一般企業，是像桌上的一顆蘋果和一顆橘子，可以任意做選擇，彼此隨意替代的。

至於要怎麼培養正義感，有些人透過學習建立深刻的思考，也有人先在自己的社區NPO養成服務的習慣，也有人是因爲親自見識了種種不公而反省得來，最後都形成一種適合從事社會企業的價值觀。

從事社會企業，不是一種職能或技術，而是一種態度。想要進入社會企業領域的參與者，不是一個『找工作的人』，而是一個『正巧透過工作的形式，把自己和世界變得更好的人』。

妳是我的學妹，也會是未來社會金字塔頂端的人，所以我覺得要花點時間把這件事情跟妳分享。希望有點幫助。」

我幾乎可以確定，這位素昧平生，很可能人生路上相當順遂，對自己的能力有很大的自信，對自己的成功人生也早有計畫的大學學妹，一定沒有想到我會這樣回答她的問題吧？她會因此生氣嗎？我在浪費我的時間嗎？

隔天，我收到Debby簡短的回信，裡面只有短短的一句話：

「謝謝您的建議，我會銘記在心～～～：）」

不管她是否眞心這麼想，我都覺得好像海裡的一封瓶中信，被遠方一個不認識的陌生人收到那般開心，今天，就讓我當個好事的歐吉桑吧！

Q09 標準答案在哪裡？

先撇開到底在社會上是什麼「咖」不談，曾經有記者朋友問我，在海外生活、工作二十年中，獲得最多的是什麼？

雖然未曾三餐不繼，但顯然我獲得最多的不是金錢。

我也沒有因爲在國外生活、工作而變得更有名，或是在社會更有分量，說話更大聲，我回台灣時還是同樣那個時常穿著拖鞋去夜市吃剉冰，被老闆大聲吆喝的普通客人。

在海外生活、工作的收穫，很難量化，如果一定要描述的話，對於我來說最重要的意義，應該是在於能夠幫助我補足台灣教育的缺口，學習從小到大學校應該要教我卻沒有教的重要的事。

被譽爲「英倫第一才子」的瑞士作家艾倫・狄波頓生於瑞士蘇黎士，從八歲起在英國接受教育，曾求學於頂尖的哈羅學院與劍橋大學，通曉法文、德文及英文，才氣橫溢，文章智趣兼備，書寫主題豐富多變。狄波頓曾經公開表示他寫書的動力來自於對學校制度的失望：

「我在求學過程中感到非常失望，尤其是在大學期間，因爲學校所教的一切似乎都無關緊要。我什麼科目都涉獵過，可是內心還是覺得空蕩蕩的……我要寫我自己想看的那種書籍！」

而他所謂的那種書籍，就是利用廣義的文化來詮釋及定義人生。他認爲寫一本能夠幫助人享受人生的書，這信念本身就是件很美也很重要的事情。這是爲什麼狄波頓從一九九三年開始以哲學論說文的形式，出版各式各樣的作品。

至於我自己，我認爲台灣的教育制度強調「標準答案」，讓我從小到大忽略所謂與正確答案無關的事情，有一位鮮爲人知的愛爾蘭主教Cardinal Newman，爲了在都柏林成立一所天主教大學，他是如此說明大學的意義：

「大學訓練是一種很好的普通方式，爲社會帶來一種很好的普通結果。其目的是爲了提升社會整體的知性態度……是教育讓一個人可以用良心來檢視、用眞理來發展、用成熟的手段來表達自己的意見跟判斷。」

很可惜的是，台灣的大學教育，或是任何階段的教育，都沒有教我這種「很好的普通方式」，但我發現在海外生活、工作，卻可以幫助我學習Newman主教說的「用良心來檢視、用眞理來發展、用成熟的手段來表達自己的意見跟判斷。」用一句話來說的話，無非就是**「為自己的觀念負責。」**

Q10 出國做自己：就算一次也好

到底出國能改變什麼？

以爲自己能夠脫胎換骨的，很多回來以後更挫折。

也有人露骨地說，是爲了認識當地的帥哥、正妹，然後拿到綠卡、楓葉卡，我忍不住想問這麼說的人：「你眞的覺得當外國人比較好嗎？」

有人告訴我，現在出國是爲了讓未來的自己找到舊地重遊、再次造訪的理由，有人則說是「給自己一份三十歲前的大禮」，這些出國的理由在我眼中都不夠具體。很多人生活在自己居住的國家、城市，因爲有形、無形的壓力，無法勇敢做自己，怕父母親友反對，怕社會閒言閒語，以至於跟自己的心之間，似乎久而久之也隔了一層厚殼，不敢深深觸及自己的內心，如果意識到這個生命困境的年輕人，我認爲應該盡快給自己一段時間，出國到一個沒有人認識的地方去做回自己，至少給自己一次活得像自己的機會。

我收到一封從以色列寄來的E-mail，寄件人我並不認識，只知道署名是Chiayu的一位讀者，如果一定要猜的話，我猜是一位女生。老實說，我非常喜歡收到這樣的信。

Chiayu大學念的是外交，一直都很嚮往ＩＮＧＯ的工作，有幾次國際志工經驗。

……大三時看到一個短片，感到很羞愧，自己一個人到了印度當志工。

第二次去印度的志工服務，因爲發現自以爲的熱忱其實更需要智慧而提早離開加爾各答，害怕自己的行爲除了滿足自己外並沒有帶給當地需要的協助。很難過地發現其實我的旅費若省下直接捐給當地還比較有幫助。

本來很自豪的勇氣其實只是傻勁（沒吃瘧疾藥去非洲還不傻），也許會有幾次好運，但我期待的是能眞的做一些事。每次的短期志工都讓我想投入更多。我也眞覺得自己在融入異文化比一般人容易（但也許是我跟接觸過的國家比較有緣）。

我在台灣兩個ＮＧＯ工作過，一個是半政府基金會，名字很好聽但裡面的工作就像在養老。另一個育幼院讓我好像幫家族企業營利的感覺。一年內我就辭了這兩份工作像「正常人」一樣去找份有錢景的工作，我運氣很好主管也很願意栽培，但我就是無法這樣生活。在同一年辭了第三份工作，我爸媽快瘋了。

我想我不應該因爲去了幾個不適合的地方就放棄我想做的。我想多找一些單位試試，我也覺得自己需要一份專業。

如果我需要繼續念書，請問你有什麼建議?!畢業後我才發現政大學士文憑也不怎麼樣，但我想繼續念書是發現自己根本沒有專業。

謝謝你給我們這些後輩們的鼓勵。雖然我們這一代運氣眞的不好，在景氣差的時候出社會，我眞的想過就照著家人的期待找份安穩的工作。但我就是待不住，我寧願回山上種菜。

我在以色列的 kibbutz 住了半年，那裡讓我想一輩子住下，但我想到就從此過著幸福快樂的日子我會後悔，因為我還有好多好多事情沒有去完成。我知道我可以做得更多，但目前只是個有勇無謀的傢伙。

雖然我們不認識，但是讀了這樣的信讓我整個心都雀躍起來，在「大人」的眼中沒有什麼特別的原因，理直氣壯地出國而且在以色列的公社生活半年，肯定是會影響一輩子的人生經驗吧！一位在衛斯理女子學院教書的教授朋友雪倫，雖然已經六十多歲了，但是她最津津樂道的，卻是年輕時在公社度過的時光，想必也會讓許多亞洲父母覺得一個博士這麼做很浪費生命、很愚蠢吧？

但是最讓人玩味的是，離婚多年後保持單身，沒有任何再婚打算，父母跟手足都已經去世，也沒有子女的雪倫，這世上可以說只有她一個人。但對於一個人的老年，雪倫沒有任何擔憂，因爲她總說：

「等退休以後，我很期待再度回到公社度過餘生。」

讓一個人可以從年輕就對於老年不懷抱恐懼，這樣就可以一直一直地過著自己眞心喜歡的日子，不斷學習新的事物，不會爲了害怕孤老而勉強待在沒有愛的婚姻中，這樣的生命是永遠不會走到死胡同的。

Q11 生平第一次，有了自己的樣子

我最近在柏林的時候，也跟一個從台灣來的藝術研究生見面，她說其實她現在每天做的事情，就是夜以繼日的從圖書館大量地租電影回家看，甚至休了學專心在家做這件事，很少出門，也沒有跟外界有什麼互動。看電影這件事情，雖然不在柏林、德國都可以做，也沒有一定要出國的理由，但是如果繼續留在台灣的話，就一定不可能實現。

因為出國，有了可以呼吸的空間，自己生平第一次，有了自己的樣子。

正因爲如此，所以除了加油，我沒有什麼建議可以給，無論是他們本人或是家人，也盡

可不用擔心，因爲我堅信能夠在年輕的時候，有至少一次面對自己、做自己經驗的人，未來的生命不會有不能面對的事情。

就像拆掉石膏，讓骨折的關節學會彎曲、負重，否則深鎖在硬殼裡面的肌肉，會不斷萎縮，最後，就再也沒有力量了。

如果你自認是C咖，請想清楚出國的目的並不是爲了鍍層金，拿個學位、變成A咖回來，而是認清楚只要認眞活在當下，追求就算只有64MB的夢想，也足以變得很強大，因爲有了做自己的寶貴空間以後，你很快就會發現，世界上原來根本沒有C咖這回事。

如果你被公認是1TB的A咖，出國則是要把握這難得的喘息空間，趕快放下那些成長的路上因爲競爭的需要、不安全感而到處下載、東抓一點西抓一點而來的各種大型檔案，把自己格式化以後，用這1TB的廣大空間，重新建立人生檔案，清清楚楚、簡簡單單做自己。

出國沒什麼了不起，頂多是能立刻轉換一個環境，練習一下做自己的暢快感最簡便的方法（**記得，出國永遠不會是唯一的方法**），這樣才不會在追求的過程中，**忘記真正的自己是誰**。

藉著離開熟悉的生活場景，用最沒有壓力的方式實驗自己的種種可能性，**認清自己，接受自己，活出自己想要的人生**。

無論天賦資質優劣，只要能夠坦然走下去的人生，我相信一輩子是沒有太多遺憾，或是憂懼的。

第3件事

出國能做什麼工作？

- [ ] Q.1 憑什麼出國一次就「轉大人」？
- [ ] Q.2 可以多換幾個工作嗎？
- [ ] Q.3 好奇心加上好奇心
- [ ] Q.4 當一個眼睛發光的大人
- [ ] Q.5 錢不是重點，現在以後未來都不是
- [ ] Q.6 學習找到自我風格
- [ ] Q.7 誰說不能是型男屠夫？
- [ ] Q.8 在國外工作會不會很難找？
- [ ] Q.9 只要沒人教，就沒辦法想到答案？
- [ ] Q.10 趁早打破「熱門行業」的迷思
- [ ] Q.11 意想不到的有趣工作
- [ ] Q.12 比薪水更重要的事
- [ ] Q.13 工作夥伴也可以變成你的粉絲團
- [ ] Q.14 我想成為什麼樣的人？

出國，沒有一定要做什麼。因爲出國的經驗，會讓你發現那些你不知道「你不知道」的事。

出國能做什麼，沒有人能夠事前預料。因爲**世界原來跟你想的不一樣**。因爲旅行後的你會不一樣。也希望你變得夠強大後，世界會因你而改變。

跨過溝去，重新做人！

優秀的人出國念書，人生從此升級，平步青雲，光耀門楣。

不夠優秀的人留在國內，偶爾出國去旅行一次就算不錯了。

但是，眞的只能如此嗎？

Q01 憑什麼出國一次就「轉大人」？

國外的年輕人，向來流行一種叫做gap year的說法，相信經過這幾年來背包客的鼓吹，台灣人對這個名詞也不陌生。基本上，gap直譯就是「溝」的意思，溝跟河最不一樣的地方，在於溝比較小，通常我們遇到水溝，直覺上會先停下來，然後會跨過去，也就是說，**溝是一種跨得過的阻礙**，所以在西方社會，很多大學生會休學、年輕人再中止自己原本正在做的工作，去旅行一年，這年就被稱作gap year，有點像台灣人說的「轉大人」，**把跨過這個讓你停下來猶豫一會的溝，當作是送給自己的成年禮**。

憑什麼出國去旅行一年就轉大人？作爲一個喜歡旅行的人，我認爲那是因爲當一個年輕的生命有機會用自己的眼睛親眼去看、用自己的雙手親自去觸摸到這個世界，丟掉教科書上的標準答案，原本很多不敢想，或想了也沒答案的問題，只有在網路或新聞裡看到的人事物，一旦躍然眼前，確實知道眞有跟我們差不多的普通人，做過那麼大的夢想，做過那麼特別的事，經過這樣一年，再回到學校、回到職場，回到原本生活的城市，**對自己平凡人生的態度就不一樣了**。

我第一次見到宥勝，他既不是「犀利人妻」裡心高氣傲卻有些玩世不恭的藍總監，也還不是「眞愛找麻煩」劇中飯店集團接班人柯偉翔，我們見面完全是因爲出版社的安排，當時他在大田出版社出了第一本書，編輯安排我以「文壇老前輩」的身分一起參加這位前任「冒險王」主持人的新書宣傳。

我的住家沒有電視，所以根本沒聽過他是誰，只看到一個穿著T恤、牛仔褲的大男生，覺得他和時下大部分台灣年輕人沒兩樣，但是他的眼睛是發亮的，基本上如果在台灣看到成年人，眼睛還會發亮的，通常是一個有夢想、喜歡旅行的人。

他說自己大學時代念了自己並沒有什麼熱情的財經系，但課堂上歸國教授的一句話：

「每個人一生，都應該有一段時間，在國外生活一陣子，無論用什麼方式。」卻激起他旅行的熱情，畢了業、當完兵，宥勝認爲「打工度假」是最省錢的出國旅行方式，於是他擬了份計畫書給爸媽，在家人都不贊成的情況下，仍舊搭上了飛往澳洲的飛機，過起一邊工作，一邊當背包客旅行的日子，在無垠天地之間，認清**成功的人生不在於滿足世俗對自己的期望，而是要對自己的生命負起全責，這個對自己的體悟，可以說從此改變了他的人生方向**。

我不知道現在的他，作爲一個活在鎂光燈下的偶像，是不是還像幾年前我認識的宥勝同樣快樂，是否說起旅行眼睛還會發亮。但是我並不擔心，因爲我知道他一定知道，當他遇到人生下一個溝的時候，他一定知道該怎麼跨過去。

Q02 可以多換幾個工作嗎？

我想單獨說些關於出國打工度假能做的事。

與其討論打工度假可以做什麼，我覺得無論做什麼其實都是次要的，但可以**趁出國這段期間時常換工作，恐怕才是最寶貴的**。

我這麼說的原因是，嘗試各種工作，對一個年輕人的自我追尋是很重要的。就像喜歡吃

- 澳洲農場葡萄園摘葡萄
- 在工地按電梯
- 上龍蝦船煮飯
- 到餐廳端盤子
- 清潔建築工地
- 在港口清理漁獲
- 去北海道搭建冰村
- 清理命案現場
- 到殯儀館工作
- 跟著巡迴馬戲團賣票
- 在機場洗飛機

不管是哪一種工作，
學習用實際眼光來看待
尊重每一份工作！

的東西，**如果不什麼都試試看，要怎麼知道自己適合什麼**？

一個美國成年人，在十八歲到四十二歲之間，平均換過十・八份職業，沒有人覺得這有什麼奇怪。

但是這樣的紀錄，任何亞洲人的家長看了，恐怕都要大驚失色，因爲萬一子女換了十幾份工作，肯定擔心未來沒有僱主敢僱用。

這正是爲什麼受到過度保護的亞洲年輕人，更應該把握出國打工度假的機會，盡量多去嘗試一些在自己的國家沒有機會嘗試的工作，每個短期的工作，都是一個珍貴的機會，**探索自己的潛能與極限，學習從來沒有學過的技能，發揮可能過去從來沒有機會發揮的天賦**，說不定在這短短一兩年打工度假的過程當中，可以因此堅定的找到一份自己非做不可的事情，開始走在夢想的路上。

沒有出國打工度假的台灣年輕人常會面臨困惑，因爲從小被鼓勵要有熱情、要執著，要有一技之長，但是一進職場不久就被調到毫不相關的非專業領域，這時是否應該堅持自己對特定專業領域的熱情，不是自己專業的工作，寧可斷然辭職不幹，還是進了社會就要隨時勢改變，用「通才」「跨領域人才」的形容詞來描述自己？但如果你是一個具有出國從事許多種短期工作經驗，從在工地按電梯、到上龍蝦船煮飯都嘗試過的年輕人，面臨職場的變化時就不會有太多掙扎。

Q03 好奇心加上好奇心

我不認爲職場上專才或是通才有什麼衝突，而是在專業之上本來就必須多懂一點什麼才不會太枯燥。就像一部電影，如果缺乏一個好的故事主軸，雖然有很多笑點，很多特效，很棒的音樂，是不可能成爲一部好片子的，**所以專業以外，對世界的各種事物也都保持好奇心**，就像一個人類學家旅行到一個新的地方，對於當地人一定立刻就會非常敏銳，非常感興趣，但是不代表對於當地的語言，音樂，建築，食物，宗教，就毫不關心，身邊的同行者覺得在你身邊是件無聊的事情，因爲實際上各式各樣的因素都會影響人，只是當我們不關心的時候就看不到它們的重要性。

想一想什麼是會讓打工度假的年輕人**覺得「有趣」的工作**，那種趣味，就是**讓專業的工作變成「超讚的好工作」的催化劑**。因爲亞洲年輕人沒有美國成年人的悠閒，可以成年後花數十年的時間，慢慢尋找自己非做不可的事情，因此濃縮在一、兩年時間，透過打工度假可以理直氣壯不斷更換的短期工作就變得特別珍貴了。

曾經有個生涯顧問雜誌的採訪記者認爲我很幸運，因爲離開哈佛後很快就在美國的科技公司當顧問位居高職高薪，許多年輕學子也想如此卻苦於不可得，所以想要問我達成年輕即享高職位高薪水的「撇步」？

當時我的答案是：給自己**短期的目標**、**中期的目標**，和**長期的目標**，確定每個短期的目標，比如每年的目標都是五年中期目標的五分之一，把終極的遠大夢想變成可以執行的小步驟才有可能實現。比如想要在五年後在美國做一份高職高薪的工作，接下來的第一年要做到什麼？第二年？第三年？第四年？第五年？如果發現自己的夢想，不能分解成幾個可以具體達成的短期里程碑，有可能是終極目標有問題（比如野心太大），也有可能是**執行能力不夠**。一旦發現自己未達到第一個目標，就要**立刻誠實面對**，毫不留情的找到問題癥結重新調整腳步，**不能為自己找藉口**，以爲可以明年再迎頭趕上進度，比如說今年因爲家裡事情比較多，明年應該就可以專心追求目標，實際上很可能是你沒有把私人事務對於目標的影響，一開始就作客觀的評估。

其實，這些都是只要一年內做過十份短期工作的年輕人都可以理解的常識。

因爲每個打工度假的短期工作，短的只有半天、一天，長的可能一、兩個月，但是爲了這些短期工作，通常就要遷移到一個新的城市，找尋新的住處，預付一個星期的房租，甚至想好萬一這個原本跟仲介講好三個月的工作，到了當地卻被告知沒有缺人，該如何立即應變？有時候一份工作還沒有開始，已經必須想好這份工作結束之後，下一個去處是哪裡。有非常清楚的短期目標，再怎麼不喜歡的工作，也要賺到足夠前往下一站的旅費，還有房租訂金才能辭職，就自然學會**用很實際的眼光，來看待每一份工作**。

Q04 當一個眼睛發光的大人

雖然出國可以做的事情很多，但不是只有小學畢業的台灣黑手，去澳洲當屠夫就沒有關係，甚至理所當然換作清大經濟系畢業生做同一件事，就是褻瀆社會資源？

打工度假，引出了我們心裡的這頭怪獸。

這一代大部分的台灣年輕人不管自己願不願意承認，生活大都算相當順遂的，身上除了有人割過盲腸留點小疤之外，基本上成長過程都過著毫髮無傷的生活。

因爲成長的過程當中，沒有戰爭、沒饑荒，大都不需要擔心家裡的經濟狀況，或許很多家庭並不優渥，沒有多餘的錢能夠支持子女到國外求學，但絕不代表沒有機會在台灣一路念書，接受比較良好的教育，畢業以後如果只是想找一份能夠爲生的工作沒有找不到的，甚至因爲很少看國際新聞，所以拜無知之賜，不覺得這有啥稀奇，以爲全世界的人都差不多是這樣，搞不好還覺得自己應該算是比較時運不濟的。

於是，「堂堂」一個大學畢業生，「淪落」到去澳洲農場、工廠、餐館廚房，做一些體力勞動的合法工作，就是「國恥」了，搞到全社會沸沸揚揚，當事人還因此要跟大學、跟社會道歉。

無論是爲了比較高的工資，選擇農林漁牧，到工廠、礦場、垃圾場、建築工地等做「當地人不願做」的事，或是選擇清潔工、廚房工、端盤子這類比較熟悉，不需要學習任何專業技能的簡單工作，「職業不分貴賤」時常只是口頭禪，但在現實中一遇上高階人才從事體力勞動工作，就立刻「破功」被視爲沉淪、屈就。

學會跟各式各樣的人工作，難道不是非常重要的成長經驗嗎？我時常有這個疑問。無論在日本、韓國，都有專門給幼兒的實習商店，讓幼稚園年紀的孩子，在各式各樣的商店裡從事各式各樣的角色，每個小時完成後也會得到代幣作爲薪水報償，體認勞動跟服務的意義和價值，門票雖然相當昂貴，家長卻趨之若鶩，爲什麼小時候可以在pizza實習商店學習擀麵，父母覺得可愛極了，拚命照相，同樣的孩子長大一點念了大學以後，到pizza店工作就丟人現眼呢？

學習被更年期的老闆（娘）當作出氣筒，也是一種學習跟人相處的能力。

學習當團隊裡的一分子，拚命的把手抓在結霜的鐵絲上，在葡萄園裡把粗粗的樹枝一條一條剪下，不只是爲了怕餓死，而是想要跟上別人，證明自己也能夠做其他人都能夠做得到的事。

學習對基層勞動人力的尊重，因爲你知道以秒計時的清理漁獲工作有多麼辛苦，還有一天到晚對著生產線做重複一樣的工作有多麼枯燥，所以學會了打從心底對他們更有禮貌、更尊敬。

學習再多的規條，原來也抵不過老闆對員工一點點關懷跟激勵來得重要，未來有一天成爲管理者的時候你會記得該怎麼做。

當然，我也不希望因此社會稍微放寬尺度，認爲如果是打工度假，以體驗作爲前提做辛苦的基層勞力工作累積日後實力與競爭力的基礎，同時開拓國際視野和學習英文，作爲一種成長的過程就「情有可原」，社會應該「網開一面」，至於那些一輩子選擇做這些工作的，就還是「罪該萬死」。

一個清大經濟系畢業生，願意在澳洲吃苦耐勞、省吃儉用，無論是兩年還是二十年，請問哪裡有問題？

只要工作過的人都知道，**工作最大的痛苦，不在於賺的錢多一點、少一點，最大的痛苦來自於學不到東西，沒有累積、沒有成長，意識到自己為了金錢正在浪費生命，無法為自己的生命加分。**

短期目標
一旦發現執行力不夠，
立刻誠實面對。

中期目標
以實際的眼光，
看待每份工作。

長期目標
把終極夢想變成
可以執行的一小步。

因爲是浪費生命，所以無論多麼高的工資，都會顯得太少。不信的話，我身邊有一位飛黃騰達的大學學長，他同時是華爾街好幾檔避險基金的經理人，收入的單位是億，他也覺得自己收入少，並不是因爲他不知足，而是因爲他知道自己變成了一名高級職業賭徒，把生命浪費在裡面了。

「但是在我找到下一件讓我生命燃起熱情的事情前，我不敢離開。」我的學長低著頭吃一貫壽司，靜靜的說。

我應該是沒有任何客觀的立場同情他的，因爲他的全新保時捷跑車就停在餐廳門口，這頓飯也是他買的單，但此時此刻，我卻覺得他活得比我辛苦。

「你是我認識的人裡面，活得最爽的一個了。」學長抬起頭來看著我說，沒有任何矯情或開玩笑的意味在內。

我想說的是，**「低賤」「辛苦」的感覺，不是來自於工作的性質，也不是賺錢的多少，而是來自於談起生命和未來時，失去了眼睛發光的能力。**

Q05 錢不是重點，現在以後未來都不是

至於把本來就已經衰到不行的「泰勞」「印尼傭」「菲傭」一起拖下水，好像跟「那些人」相提並論，就是我們「台灣優秀年輕人」的沉淪，流露陰暗的歧視心理就更莫名其妙了。有正式護士資格、大學文憑的菲律賓看護，還要理所當然地違反合約當女傭在僱主家拖地，以爲女主人不在趕快轉到CNN看一下國際新聞，卻被認爲「不乖」鬧到仲介那裡堅持要「退貨」，請問有多少台灣家庭僱主知道什麼叫做「全球經濟」嗎？專業分工不是值得大驚小怪的事，國際勞工也永遠流動的進行著，我雖然在國際NGO組織工作，可是因爲我的辦公室在曼谷，領的薪水是泰銖，所以定義上我當然是在泰國的「台勞」，是不是因爲這樣家長就要抵制年輕人看我寫的文章，抗議出版社出我的書呢？

強調「泰勞」的不得已和悲哀似乎也沒有效果，許多台灣生意人鑽到連中國人自己都待不下去的大陸「三級城市」打拚，出賣勞力與青春，吃苦耐勞的程度連本地人都咋舌，但是台商因爲能夠發揮所長樂在其中，一定要被說成台灣的經濟造成的不得已和悲哀嗎？

眞正的悲哀，是自己不到外國去看懂世界，連帶也不肯讓年輕人去做人盡其才的事，否

則就是政府無能。

即使出了國，還因為成見之深，換不到見識與成長，那才是悲哀。認清只要是有工作的人，無論是軟體工程師還是建築工人，每一個人都是勞工的事實，才不會作踐自己，作踐別人。

隨著成長，失去了說夢想眼睛裡發亮的能力，對我來說，才是最大的悲哀。

Q06 學習找到自我風格

打工度假簽證是國與國的一項互惠好意，它讓年輕人藉由打工來資助度假費用，促進彼此交流和瞭解，澳洲和台灣開放雙邊打工度假簽證，因爲沒有名額的上限，吸引最多台灣年輕人前往，實際上不止澳洲之間，台灣目前和英國、愛爾蘭、德國、加拿大、紐西蘭、日本、韓國也都有青年打工度假協議簽訂。

以申請澳洲打工度假簽證爲例，必須介於十八至三十歲，簽證允許停留澳洲一年，並可從事短期或臨時工作，但重點是任何工作的目的是爲了旅遊度假，所以受僱同一僱主的時間不能超過六個月，如果參加語文課程則不能超過四個月，而且要證明自己擁有台幣十五萬元以上的財力，足以負擔度假初期所需的費用。

到農場烈陽下彎腰割蘆筍，手可能會割傷，但是別忘了，在辦公室動手打鍵盤，寫企劃書，也有可能被影印紙割到，所以如何？

知道去肉品工廠要面對一整頭被剝皮血淋淋的牛，要拿機器去支解活體，所以開始規律運動，鍛鍊體力，戴著手套上工，認眞把安全訓練當一回事，跟穿梭在城市裡的快遞，騎摩托車或腳踏車送貨，眞的那麼不一樣嗎？

就算抱著一年賺幾百萬，存夠錢回台灣當作創業基金的想法，到了國外，一開始就像不要命似的接了三個工作，每天清晨出門工作到清晨兩、三點才回家，但在這過程當中，看到當地人的同事，只做一份工作，跟自己的時薪也沒有不同，卻不像自己那麼緊繃，也不超時工作，把最好的時間都留給家人或自己喜歡的事，幾個月後，這個台灣年輕人可能會因此**重新調整自己的目標，思考對於人生真正有價值的事物**，我們可以說這個年輕人「變懶了」，或是「被外國人帶壞了」嗎？

當舍監、清掃校園、幫寄宿學生做早飯、在超市當收銀員、到龍蝦場裝箱、清洗屠宰好的羊，體驗在台灣可能一輩子都不會接觸到的工作，在這之中一點一點的體會，意義自然就會出現，**抱著一顆學習的心，學習謙卑過生活，吸取別人的經驗，也不怕尷尬地用肢體語言去跟這世界交朋友**。人生不就是這樣嗎？

說不定在這個過程當中，還會因爲有幸接觸那些原本在家鄉不存在，或是沒有機會接觸的工作，而發現自己潛在的天賦也說不定。

Q07 誰說不能是型男屠夫？

當一個在台灣從來沒有接觸過勞力工作的年輕人，有機會在澳洲工地工作，發現身邊的每個工人都驕傲而自豪，以建設城市的無名英雄自居，社會大眾也用同樣的眼光看待建築業工人，這當然會讓年輕人忍不住對照在台灣，爲什麼一般人經過工地時，對外籍勞工充滿歧視的眼光，甚至媽媽牽著小朋友的手經過，還會恐嚇式的機會教育一番：「你如果以後不好好念書，就只能在這裡曬太陽、挖馬路。」讓這些孩子長大以後寧可做「低薪」但是「乾淨」的工作，也不願意加入建築工地，這就是一個反思的絕佳機會。

如果找到一個在海外屠宰場的工作，當然會發現原來要做好耗體力的工作，把專業的屠宰工作學好，其實一點都不輕鬆，在這過程當中，當然也會對於台灣屠宰場產生好奇，到底跟在澳洲有什麼不同？薪水如何？工作福利有什麼不同？一般人對於屠夫的社會觀感有什麼不一樣？爲何在台灣會聽到牛肉灌水來增加斤兩，在澳洲卻沒有人這麼做？屠宰跟虐待動物的行爲有什麼不同？要如何做才能在屠宰的過程中讓動物的痛苦減到最少？

這麼多的問題，只要能夠好好回答其中一個，對於未來的人生應該都足以作爲很好的啓示，**影響一輩子綽綽有餘**。

如果有個經濟系畢業的年輕人，意外發現自己有屠宰的天分，也發現在全世界幾個國際大城市，五星級大飯店都有熱門的屠宰示範課，因爲許多城市人發現自從超級市場興起，一般家庭失去父母輩跟固定的屠夫或肉販買肉的關係之後，雖然吃了一輩子肉，卻從來不知道所吃的肉來自動物身體的哪一個部分，或是如何分辨什麼部位特別適合拿來做什麼樣的料理，這樣的好奇心，在台灣的雅痞消費群中也一定存在著，但是從來沒有機會去探索，如果這位來自台灣的年輕人，在海外熟練的屠宰過幾百頭牛、羊之後，想到該如何結合自己的口才，幽默感，知性的內容，變成兩岸三地前所未有的「型男屠夫」，恐怕會比在銀行裡面擔任理財專員，整天打電話給陌生人更容易獨樹一幟，找到個人的風格吧？

Q08 在國外工作會不會很難找？

根據外交部統計，國內年輕人申請出國打工度假簽證（Working Holiday Visa，簡稱

WHV）的人數由一開始二〇〇四～二〇〇七年之間的一萬兩千人，到近年（二〇〇八～二〇一二）累計增加到六萬五千人；前往人數最多的國家，依序是澳洲、日本和紐西蘭。

根據澳洲官方統計，二〇一一年赴澳洲打工度假的國外青年約有十三萬人，較前一年增加百分之十四；以國家別來看，打工度假人數排名在前的分別是英國、韓國、愛爾蘭、德國和台灣。台灣雖然居第五，但是二〇一一年人數成長率高達百分之四十六・三，是人數增加最快的國家，可見打工度假對於這一代三十歲以下台灣青年的魅力。

對於打工度假的新手和家人，最關心的是拿著打工度假簽證，可以做什麼工作？

實際上，打工簽證沒有限制職業的種類，基本上只要有人僱用你的工作都可以做。無論是服務生、收銀員、客房清潔、按摩院、農場、肉品工廠、廚房幫手、清潔工、倉儲搬運。

或許很多家長會擔心，沒有在台灣先找好工作就出國，不是很沒有保障嗎？但是試想如果我們自己是僱主，會不會在沒有見到應徵者本人的情形下，僱用一個遠在外國的陌生人？當然這情形不是沒有，因爲台灣的外勞仲介時常是這樣的；相對的，如果台灣人透過aupair.com這類的網站到德國去當保母也是同樣的程序，但畢竟這不代表大部分的工作形態。我贊成許多過來人的建議，只要先確定第一週住宿就夠了，無論是青年旅館或是寄宿家庭都可以，接下來的才是當地眞正的生活體驗。

很多人接著下一個問題就是，在國外工作會不會很難找？

這就好像問：「在台灣會不會很難找工作？」不同的人，因爲個人經驗，能力不同，還有不同的個性，所以答案當然會不一樣。

如果你問我，我簡單的答案是「不會」。

至少不會在台灣人去最多的澳洲，否則就不會有那麼多年輕人前仆後繼地前往了。因爲很多工作找不到足夠的當地人力來做，基本上澳洲年輕人也都跑到亞洲各國打工度假去了。

找工作，最簡單的當然是拿著履歷去找仲介，由仲介介紹。比較膽小的人可以在台灣付一筆定額的仲介費（行情價大約七萬台幣），仲介公司幫忙介紹工作，但是沒有保證月收入，開始工作以後也沒有抽成。另外一種是當地的仲介公司，不預收費用，但是工作的薪水由僱主直接進到仲介的帳戶，仲介抽成後才付給員工。

成本最低的就是直接**透過朋友介紹**，很多人覺得這是最好、最快的方式，還有一開始先上語言學校。因爲「好康」的工作，通常是員工消息最靈通先知道，然後告訴他身邊的朋友，因爲有認識的人介紹，時常也省去了正式面試的流程。

如果有自信的話，大可**隨身帶著簡歷**，看到店家徵人，自己就走進去毛遂自薦，就算沒有缺人手，也不妨請店員轉交給人事經理，如果有缺人的話請對方電話通知，給你一個面試的機會，雖然聽起來有點像**亂槍打鳥，但是在澳洲卻是相當普遍的做法**。

薪水的部分，如果不是非法的「黑工」的話，法定時薪是未稅約十六塊澳幣，以澳幣大約在1：30的情況下計算，時薪大約是台幣四百八十元。當然，專業條件越高，體力付出大的工作（像是旺季的農場），薪水自然也會更高，每小時三十元澳幣（台幣九百元），甚至更高的勞力工作，像是在達爾文幫鱷魚洗牙齒，就有每小時四十元澳幣（台幣一千兩百元）的高薪，墨爾本熟練的樵夫一個小時能賺超過五十元澳幣（台幣一千五百元），一天上山六、七個鐘頭就能砍兩、三百棵樹，只要**瞭解風險，願意為自己的風險負責，機會是相當多的**。

Q09 只要沒人教，就沒辦法想到答案？

其實很多的打工度假新手，一到當地住進青年旅館，才發現自己出發之前讓自己夜夜失眠的憂慮有多麼可笑，原本以爲找工作難如登天，原來就刊登在青年旅館櫃台的佈告欄上，**每張小紙條都是一個工作機會**，打個電話去問，像農場、牧場這種很缺人手的地方，通常只說兩三句就叫你隔天去工作。

跟台灣的習慣不一樣，因爲大部分的農場工作是季節性的，比如去果園採收芒果，或是冬天來到之前去整理葡萄藤準備過冬禦寒，這些工作只會持續幾個禮拜，甚至只有幾天，所以**時效性比什麼都重要，恰當的時候出現在恰當的地方，就是找高薪的臨時工作的最大祕訣**。

我有個朋友第一次出國就去澳洲打工度假，他本來想先到當地適應一兩個禮拜，或是念一個月的語言學校再工作，所以只上網訂了頭一個星期的青年旅館，換了三千澳幣就出發了，最壞的打算就是把錢用完了，就乖乖回來。

不知道是青年旅社的老闆，看我這朋友一副窮酸相，擔心付不出住宿費用？還是天性熱心，結果到達第一天，趁我這朋友還在適應時差、睡午覺的時候，幫他打了幾個電話找工作，朋友一個午覺醒來很吃驚地發現，竟然自己第二天早上八點就要去上工了，而且老闆還叫他自己坐公車去蘋果園。

「天啊！我哪知道要在哪下車！」他超緊張的，用破破的英語向青年旅館老闆抗議。

「看到蘋果樹下車就對了。」老闆若無其事地說。

老闆一定沒有想到，眼前的這個年輕人，雖然吃了一輩子蘋果，但是並不認得蘋果樹。還好他是認得蘋果的，於是給自己打了強心針：

「反正看到蘋果，下車就對了。」

當然他也做了最壞的打算，「如果錯過了，大不了到了終點，再坐同一班公車回來。」

事情的演變當然比他想像中來得簡單，早上很多來自世界各地的年輕人，都在同一個站牌等同一班車去同一個蘋果園，之前的疑慮原來都是多餘的。爲什麼在這之前，**只因為自己沒做過，就覺得自己要做的事情獨一無二**，好像史無前例沒人做過似的，實在是個很傻的想法。

原本以爲有職前訓練，還有很多表格要填，結果工頭基本上只是交給每人一個籃子，大家就上工了。

「我要如何知道蘋果熟了沒有可以摘？」

從小就只知道吃蘋果沒有摘過蘋果，看到一望無際的蘋果園，心裡七上八下又想不出該如何用英文問，一開始只好觀察其他夥伴工作，不到幾分鐘後，他就抓到要領了。

很快的，他又發現有新的事情可以擔心，因爲他不知道什麼時候要回去收集站，是不是像上下課那樣有打鐘呢？在這裡大家都被分派在自己的區域，自己做自己的事，萬一他一個人被遺忘在果園裡，那該如何是好？

「什麼時候要去收集站？」

當他好不容易鼓起勇氣問另外一個英國人時，對方先是愣了一下，然後笑出來：

「當然是籃子滿了就回去啊！」

「這是我從小到大，第一次發現自己這麼缺乏常識。」我這位朋友事後回憶說，「我發現自己連很多最基本的問題，**只要沒人教，就沒辦法想到答案**，可是那些外國人，他們可能因爲從小學校考試就沒有標準答案，長大以後想法都比較靈活，而且比我們有自信，這是我最想要跟他們學的。」

如果一個從小到大活在標準答案裡的年輕人，**自己找到了這個問題的癥結，發現自己連**

夢想是什麼都要問老師，從此努力變成一個具備常識的人，這趟出國已經值回票價了。

Q10 趁早打破「熱門行業」的迷思

工作這東西讓人又愛又恨。

過去的社會形態，家跟工作是在一起的，一間房子，裡面有家人，無論是農是牧，每天忙不完的工作就留在家四周。

隨著工作離房子越來越遠，家的定義也就越來越模糊，比如說在泰國境內的四百萬緬甸移工，他們的家究竟算在泰國，還是緬甸？

如果爲了工作離家，我們願意離開多遠？多久？

如果明天中了樂透頭獎，你會放棄讓人討厭的工作，還是會繼續工作？

大部分人雖然直覺會立刻說，這輩子不用工作那該有多好，但是話一出口不久，又被莫名的恐懼所籠罩。

「如果一輩子不工作，我眞的會比較快樂嗎？」

趁年輕選擇到海外打工度假，在我眼中最大的好處之一，就是可以**趁早破除「熱門行**

業」的迷思。

許多台灣長大的孩子，過早放棄興趣，因爲擔心興趣在職場上太「冷門」，但是我相信，這個世界上無論再怎麼冷門的專業，也至少都需要有一個人能夠做好，只要能抱著這樣的想法，從興趣出發，**讓自己成為一個非常非常專業的人，是最重要的準備工作**。

我覺得很幸運的是，因爲年紀很輕就去旅行，用自己的經驗證明，最有趣的工作機會通常並不是世俗中的「熱門」行業，這讓我可以很早就放下包袱，開始走上實踐夢想的路。每當有人問我，想進入職場的青年學子最重要的準備工作爲何？是該先從自己的興趣和專長找工作，還是該嘗試不同的訓練與機會？我都會鼓勵年輕人，能夠透過打工度假毫無負擔地去嘗試一些自己從來沒想過能做的工作，就像參加讀書會強迫自己讀一些從來沒想過要閱讀的書一樣，一旦接觸以後，可能會很慶幸自己能夠意外地延伸更廣的觸角，**讓自己的世界變得更大，盡量不要讓已知的小世界變成阻止我們瞭解更大的未知世界的最大敵人**。

Q11 意想不到的有趣工作

所以，會洗碗就夠了？

或許吧！但是之所以選擇出國打工度假，不就是爲了想要接觸一些平常接觸不到的人事物，帶給生命一些意想不到的驚奇嗎？

所以除了農場、工廠、咖啡廳、餐廳，在札幌雪祭前到北海道去協助搭建冰村吧！鼓起勇氣去清理命案現場吧！要不然，到殯儀館工作也可以。在水果包裝廠包水果固然簡單，但是同樣的時間，如果學會閹割羔羊，在蛋雞農場清掃雞舍，訓練到單手可以抓五隻雞，不也是很有趣嗎？

有專業也喜歡自己的專業的人，可以發揮一技之長，比如我有個護士朋友去安養院工作，也有幼教老師在幼稚園當老師。但是我也有一個爲了不想用太多腦子而去打工度假的律師朋友，決定做兩份簡單的全職工作，白天在工廠看著輸送帶上的礦泉水瓶蓋有沒有蓋好，夜班十一點到隔天七點則在一個食品加工廠倒糖。

「倒糖？」我以爲自己聽錯了。

「是啊，就是把一包又一包二十五公斤的砂糖，倒進糖水槽裡，每天晚上都在倒糖，就這樣。」他用一種很幸福的口氣說。

還不知道自己到底具備什麼天分的人，也很幸福，因爲可以跟著巡迴馬戲團賣票，收帳篷，在園遊會顧攤，到動漫展Cosplay，在家具行組裝家具，當街頭藝人在路上賣藝，在大賣場當盤點人員，可以選擇到偏僻的葡萄園一面修剪葡萄枝，一面有袋鼠跳過，有綿羊在身旁吃草，當然也可以選擇在大城市的冷氣實驗室整天拿著鑷子做組織液培養的植物或是接受免費訓練成爲按摩師、芳療師。

於是有人當潛水教練，也有人每天跳入海裡找珍珠。

也有人在賽馬會場洗廁所，有人到機場清洗飛機。

有人每天切四百公斤的雞翅，也有人學會每分鐘清洗一公斤魚肚。

當然也有人平常日在農場種花種菜，週末開長途汽車去假日市集擺攤。

想當明星嗎？有一個菲律賓的大學教授朋友，個子嬌小，在紐西蘭應徵臨時演員，去當了三天的哈比人，一圓從來不敢告訴他人的明星夢，從此沒有什麼遺憾。

想練習語言嗎？在百貨公司當專櫃小姐，在脫衣舞酒吧當酒保，就算在火車壽司店當服務員，把菜單背熟了應付客人點菜，語言進步應該比在飯店當清潔人員更快。

有時候，**一個意想不到的工作，就會接著另一個意想不到的工作**，串聯成連村上春樹的小說也寫不出來的劇情。我有個朋友就因爲青年旅館的室友在工地鋪大理石磁磚，於是介紹他到同一個工地，幫工人按電梯，整天就懸空坐在半空中按鈕，有時跟工人聊天，沒人的時候就拿著書戴著耳機打發時間。或許他變得很會按開、關鍵（笑），因此被老闆介紹去港口，專門幫龍蝦工廠開冷凍庫門，讓堆高機出入。後來龍蝦工廠老闆，介紹他去港口，幫龍蝦船下一籠一籠的龍蝦，過了一陣子，龍蝦船的廚工突然辭職，從來沒煮過飯，也沒搭過船的他，突然開始跑船，在漁船上當了六個月的廚子，不幫漁夫做飯的空檔也要幫忙捕龍蝦。

沒有人會覺得因爲你一年換了十五份工作，而認爲你是個不值得信任，沒有定性的年輕人，因爲每個人都是這樣的，季節性的工作就是這樣的，**多嘗試幾份工作，對自己能做什麼，不能做什麼，好像就從原本的茫然無知，變得越來越清楚了。**

Q12 比薪水更重要的事

出國打工度假去嘗試各種類型的工作，其實不只是爲了爲生、賺錢去旅行、存錢回老家當創業基金或結婚基金，還有比薪水更重要的事。

在這一連串短期工作的過程中，不得不讓從事短期工作的年輕人去正視一些過去從來沒想過的問題。**學習如何面對問題，將會形成我們面對未來的重要態度，這才是比賺錢、找到合適自己的工作更重要的事。**

在農場摘採青椒，一桶的薪水是三十澳幣，將近一千元台幣，覺得很好賺，可是到超級市場買菜的時候，又覺得菜價太貴，這時應該買還是不買？如果大家都嫌水果青菜太貴不買的話，打工度假的工作機會不就沒有了嗎？

在飯店工作，一個人要負責十幾個房間，清潔劑弄得手跟呼吸道都過敏，以後去住飯店的時候，回想起那段日子，應該開趴、把房間弄得一團亂作爲報復，還是將心比心盡量保持整齊？

如果明明一天就可以做完的工作，可是拖拖拉拉可以做一個禮拜，多拿幾天薪水，因爲工作是按日計酬的，這時候應該如何抉擇？當其他同事都故意做得很慢，拖延時間的時候，應該跟老闆說嗎？

在農場沿路一個一個放工人下車到不同區工作，意味著越晚下車的人，工作時間就越短，有時候差了半個多小時，沒有人願意吃虧，所以前幾站大家都互相推來推去，不想先下車，這時應該怎麼辦？

這些工作經驗所引發的問題，或許當場不會得到解決，但一旦想清楚「我想當一個怎樣的老闆」以及「我應該成爲怎樣的員工」，未來在職場生涯肯定會有長遠的影響。

我自己在嘗試各種海外短期工作的過程中，開始注意到台灣人喜歡自己當老闆，但事實上，我清楚地看到並不是每個人都應該創業，在這些短期工作中，我因此很確定創業當老闆不是自己的天命，所以後來離開哈佛後，很快就在美國的科技公司當顧問，因爲我很安分，沒有想著趕快學了功夫以後另起爐灶，順便把客人一起帶走，正因爲如此，老闆可以安心的讓我年輕即享高位高薪，當然這不代表成功，但是**知道自己適合什麼、不適合什麼，可以省下許多冤枉路**。

很多剛出社會的畢業生會抱怨，現在眾多企業都只用有經驗者，沒經驗的學生常一開始就被排除在外。與其想著該如何寫履歷表，讓自己就算沒經驗，也有機會搶到工作機會，還不如把握還在校園的時候，**透過實習或是擔任志工的方式，或是到海外打工度假，進入自己未來想要接觸的領域去體驗**，因爲**一份寫得再好的履歷表，都比不上真材實料的經驗**，在僱主的面前這是無所遁形的。

一旦進入可以大顯身手的職場，眞正的問題才會出現，那就是如何面對眾多資深年長者證明自己的能耐？又如何在證明自己的過程當中，不至於遭到同儕妒忌？

Q13 工作夥伴也可以變成你的粉絲團

當我從美國的上市公司被派回到亞洲擔任亞太區的總監，立刻面對所有我需要管理的經理人，都比我資深或年長的現實，這點在一切以專業實力爲衡量的美國職場來說沒有什麼問題，但是在亞洲就比較敏感，最好的方式就是經過觀察，找到組織最容易被忽略也是最弱的環節，在不傷害和諧跟倫理的前提下，能夠最快得到改進的環節，作爲第一個改善計畫，讓組織上下都能看到你的價値跟專業能力，也看到你是站在他們同一邊的，才有辦法開始形成善意的夥伴關係。

比如售後支援不是公司賺錢的部門，所以在一個業務導向的組織裡時常受到忽略，但是如果業務人員沒有得到售後支援團隊的支持，就會遇到很多阻力，甚至形成對立。所以如果能夠將心比心，體會售後支援遭遇的不平，爭取一個跟業務人員共同搭配、分享佣金的夥伴關係，達到業務跟售後支援雙贏，改善工作氣氛，我就是一個年輕的好主管——因爲我向組織證明我做了一件只有年輕人才能做到的事，而不是因爲我是一個主管。

至於在競爭力高的團體中，既能一展長才又能顧及人際關係的訣竅爲何？如何能表現好，又不讓人眼紅？我總是隨時注意讓和我一起工作的團隊知道，這份工作對於我來說，不只是一份工作，而是我一輩子都會喜歡做也會繼續做的事情，沒有任何人、任何事可以阻止我繼續向前，所以不管到哪裡都可以做也會繼續做，是我夢想的一部分，這樣的決心自然就可以將自己跟其他只把這當成一份工作的人距離拉開，不會被放在一起衡量，同事甚至會變成你最大的粉絲團！但有一個重點：這樣的**熱情是眞誠的**。

同時，永遠記得讓同事，尤其是比自己資淺或職位低的同事，知道能夠跟他們一起工作，對我而言是件非常幸運的事情，也眞心希望我的團隊裡，**每個人的專業能力都比自己更**

強，而不是在擔心自己被取代，我時常提醒自己有機會就要讓身邊的人也可以發光，**為別人搭造舞台，有機會就把榮耀給別人**，這樣才會不斷吸引很棒的人主動想要和我一起工作，也讓我可以在我原本就喜歡的領域裡不斷學習新東西，因爲世界上再也沒有什麼比跟自己能力更差的人工作度日更無聊的事情了。

回頭想想，這些態度都是在海外一面旅行一面打零工，跟來自世界各地的人相處，遇到各式各樣問題後才想清楚的事。

我自己藉著出國嘗試不同工作的機會，我努力把三件讓許多人產生困擾的事情梳理清楚：

(1)想清楚「工作」在人生扮演的角色
(2)建立起這輩子對於工作的態度
(3)想好自己未來想要成爲的人

Q14 我想成為什麼樣的人？

我有一個在美國以脫口秀喜劇爲職業的朋友，他說過一個笑話，大意是說有個老太太努

力養生，保持運動的好習慣，就是爲了要長壽活到可以參加自己的告別式，看看人家在背後都是怎麼說她的，結果偏偏在告別式前兩天死了。

「有夠可惜的！就差這麼一點點！」他說。台下的觀眾都笑了。人生無常這檔事，說來也挺有趣的。

我朋友這個笑話讓我開始胡思亂想，如果現在的我突然死了，在告別式上這些在各種不同面向跟人生階段認識我的人會怎麼形容我。

有人大概會說，他在國際非營利組織（INGO）工作超過十年，其中在緬甸北部山區的有機農場計畫，好像很有意思。

也有人會說他十七、八歲出第一本書開始，已經出版超過四十本著作，其中絕版的很多，而且好像都不怎麼暢銷。

大概會有人說我擁有荷蘭水手證，過去十年來，每年至少有十週在海上度過，每次都曬得超黑的。

也有人會說，當他不在發展中國家工作的時候，其實住在波士頓南方一個小島的海灘，過著與世獨立的安靜生活。

還有人會說，他從台灣和泰國搭飛機前往歐洲或美洲時，都會擔任志工協助動物保護組織運送流浪犬到海外的新家接受收養。

1. 想清楚「工作」在人生扮演的角色

2. 建立起這輩子對於工作的態度

3. 想好自己未來想要成為的人

或許也有人記得褚士瑩崇尚健康自然的生活方式，愛好戶外運動，但他不是素食主義者，也不是非有機農產品不吃的龜毛、雅痞。

但是所有認識我的人，大概都會同意一件事，就是這個人不抽煙，不喝酒，最大的壞習慣是每天喝太多美式咖啡。搞不好這個人的死因，跟長期喝咖啡過量很有關係。

當然，這都只是我自己的幻想而已，實際上，我永遠不會有機會參加自己的告別式，知道別人對我說些什麼。

但是**我知道，我想要成為的是一個什麼樣的人**。

不只是我，我們每個人其實隱約都知道自己想成爲的人是什麼樣子，應該就是我們在臉書上塑造出來的形象，或是線上遊戲裡量身定作的那個人物。

現在的我，可能還要更加努力，多加鍛鍊文筆，才能很具體的描繪出我想成爲的人。但是一個世紀前的日本文學家宮澤賢治（一八九六～一九三三），曾經寫過一首很有趣的詩歌，篇名就叫做「不輸給風，不輸給雨」，裡面說得棒極了：

「不要輸給雨，不要輸給風，也不要輸給冰雪和夏天的炙熱，保持健康的身體。

沒有貪念，絕對不要生氣，總是沉靜的微笑。

一日四合的糙米，一點味噌和青菜。

不管遇到什麼事，先別加入己見，好好的看、聽、瞭解，而後謹記在心。

不要忘記，在原野松林的樹蔭中，有我棲身的小小的茅草屋。
東邊若有生病的孩童，去照顧他的疾病。
西方若有疲倦的母親，去幫她扛起稻稈。
南邊如果有快去世的人，去告訴他：『不要害怕。』
北方如果有吵架的人們，去跟他們說：『別做這麼無聊的事情了。』
旱災的時候擔心的流下眼淚，夏季時卻擔心寒流來襲，不安的來回踱步，大家說我像個傻瓜。
不需要別人稱讚，也無須他人為我擔憂，這就是我想成為的人。」

時代變化，我們似乎很難想像，今天的我們跟一百年前的人有任何共同之處，直到我反覆誦讀這首美好的詩歌，才發現在千千萬萬的可能性中，我眞正想成爲的，正是宮澤賢治一個世紀前筆下的這個人。

這麼一想，所有對於未來的不安一掃而空，原來有些眞正重要、美好的事情，是不會輕易因爲時空而改變的。

第4件事

家人是助力還是阻力？

- Q.1 16歲，請把自己當大人看待
- Q.2 表現像一個負責任的大人
- Q.3 如何取得家人支持？
- Q.4 家人是最寶貴的VIP
- Q.5 和父母溫馨談判的秘訣
- Q.6 活出夢想，幫助別人
- Q.7 觀念沒有改，到哪裡都一樣
- Q.8 夢想沒有對與錯
- Q.9 其實我是一隻老鷹

Q01 十六歲，請把自己當大人看待

人要到幾歲才算長大？

法定工作年齡是十六歲，意味著任何一個十六歲的台灣年輕人，都有資格去街角的便利商店打工，跟無論三十六歲或是六十六歲的同事，在工作上享有作爲員工同樣的權利、義務。

如果一位六十六歲從公務員的崗位退休的長者，選擇在便利商店工作，但自以爲小朋友不該亂花錢，所以不准小朋友買店裡面的糖果或零食，但自己卻大搖大擺在店裡抽煙，平時櫃台後面放一個音量開得超大的手提電視，有時不喜歡冷氣還蓋著棉被躺在摺疊行軍床上，還有尖峰時間收銀也慢吞吞，毫不在意大排長龍跟老顧客話家常，收銀時價錢總是打錯不說，還老是忘東忘西（或是故意不給集點貼紙），只要被客訴就指責店經理說現在年輕人沒禮貌，不懂得敬老尊賢。我們作爲一個普通的消費者，因爲年紀接受這樣的店員！

因爲六十六歲並不是那麼老，**「老」這件事情，並不能拿來任意改寫企業規則**。

同樣的，如果一個十六歲的工讀生，總是用「我還小啊！」當擋箭牌，嫌商品太重搬不

動，上架速度慢吞吞，貨都堆在走道影響進出，微波餐盒沒有即時放進冰箱滋生細菌，讓顧客吃了拉肚子，顧客從網路書店訂的漫畫因爲無聊想看，所以毫不在乎的先拆開來閱讀，還辯稱「反正又沒有摺到」，值大夜班時「覺得」沒什麼人所以索性關了店門躲在辦公室睡覺，把快要到期的便當自己先收起來，等到報銷以後再拿出來用半價賣給同學，當作額外的收入，或是自己批貨放在櫃台旁邊「寄賣」，號稱「創意行銷」，恐怕很快就會被解雇。

因爲十六歲並不是那麼小，**「小」這件事情，也不可以拿來作為不懂事的藉口**。

Q02 表現像一個負責任的大人

最近我時常聽到有人提到沈芯菱這個名字，雖然我們從來沒有見過面，但我也跟大家一樣，在媒體讀過不少這位年紀很輕的網路公益家的故事。沈芯菱的家庭靠擺路邊攤爲生，居無定所，很貧困。她在十一歲那年，看見阿公阿嬤因爲倉庫裡賣不出去的三萬顆文旦非常煩惱，這個鄉下孩子，並沒有用「我還小，什麼都不能做」當藉口，而是用母親變賣珍愛的玉佩買來的二手電腦，還有學校電腦課學來的發送電子郵件，寄出一封封E-mail給各個公司的老闆，結果那年賣了三萬多斤的文旦。

隔年，小學五年級，她成立了台灣第一個農產品直銷網站。如今超過十年，已經成功賣出超過一百萬斤文旦到台灣各地，不只幫助了自己的阿公阿嬤，更幫到斗六地區曾經文旦滯銷的柚農們。

「這事很簡單。」她在訪問中一派輕鬆地回答記者。

不只是賣柚子，在成立農產品直銷網站的隔年，沈芯菱繼續用她的電腦，除了賣柚子，還成立一個集合國中小各科目多元領域的「安安免費教學網站」，透過這個免費的教學平台，幫助像她自己這樣欠缺教育資源的孩子，也有得到更好教育的機會。據說這個網站一開始原本只是想幫助同班的四、五個好朋友，沒想到藉著科技的力量，十年來已經幫助過將近五百萬名弱勢學童。

值得一提的是，她投入公益這十年以來，據說沒有接受任何贊助捐款，都是透過參加演講、寫作、比賽、拿獎學金，用這些個人收入來做公益，費用估計約五百多萬元左右，但她說並不覺得自己在「做公益」，**只是一路上不斷「發現問題」「解決問題」**。

若說沈芯菱十一歲就是大人了，我在生活中仍然看到許多三十多歲的學生、上班族，過著比小學生還不負責任的生活，甚至會怪自己因爲家境不夠貧困，父母管太多，所以才沒有機會發揮，聽了怎麼能不讓人爲之氣結！

沒有人規定幾歲才算長大。但台灣法律規定十六歲以下，十五歲以上爲童工，美國政府規定成人護照更換也是十六歲。如果你到了十六歲，卻還沒有開始把自己當成大人，或還沒有辦法讓家人把自己當成大人看待，請至少承認這是個問題，並且開始去「發現問題」「解決問題」，否則到了四十歲，你仍然不會長大！相信我，我身邊就有著不少這樣充滿皺紋而且禿頭的大孩子。

無論想出國，還是要做什麼重大的人生決定，**請先把自己當作大人看，表現得像一個負責任的大人，是爭取家人支持絕對性的第一步。**

Q03 如何取得家人支持？

這麼多年以來，每次我分享我在世界各地旅行、生活、求學、工作的經驗時，總會有人問同樣的問題：

「我也想這麼做，可是我的爸媽一定不會答應，你是如何得到父母支持的？」

的確，我同意**沒有家人支持，夢想就算發芽，也不能持久**，就像種在培養皿沾溼的棉花球裡面的豆芽，如果不移植到室外充滿陽光、雨水的土壤裡，是永遠長不大的。

現代華人父母常犯的三種迷思：一是照顧太多，二是給太多，三則是管太多。

「老」不是理由

「小」不是藉口

負責任的人，沒有年齡的問題！

我想跟許多家長說：如果不能想像孩子承擔任何生活的風險，那麼就算兒女三十多歲了，你還應該每天幫他把蘋果打成泥以後，用小湯匙一勺一勺地餵進他的嘴裡，即使這樣，都還有可能噎著。如果你覺得這樣很可笑，那麼就請你放手，讓子女去創造自己的人生吧。

滿十六歲的你，在責怪父母無法放手之前，必須**非常客觀的看清自己**，是不是具備了讓家人放手的條件。

如果想藉著去海外long stay，向自己證明，也向家人證明自己的「價値」，考慮的問題總是錢、語言，還有父母，彷彿父母是年輕人實現夢想的最大敵人！許多人認爲海外志工是時代潮流，試想如果學校有一個暑期去芬蘭當志工，照顧獨居老人的機會，提供免費機票住宿，想必會有許多人躍躍欲試，覺得這個機會千載難逢，不容錯過，不但可以到有創意設計的北歐朝聖，又包吃包住，去照顧獨居老人，還可以幫助世界，怎麼可以輕易放棄！

假想你是一個禮拜回家一次的大學生，一進家門後就跟正在廚房裡做菜等你回來的媽媽說這個大好消息，結果會是什麼，應該很容易預見。

「去芬蘭照顧獨居老人？」汗流浹背的媽媽恐怕鍋鏟一摔，一把火氣攻上心頭，「你老媽就是獨居老人，你那麼有愛心，怎麼不乾脆回來照顧我？」

在批評父母沒有國際觀之前，請先看看自己。

你總是自己洗衣服嗎？還是帶回家讓媽媽洗？當你洗衣服的時候，是只洗自己的衣服，還是理所當然洗全家的衣服？

喔，對了，你的衣服都是自己打工掙錢買的嗎？那麼手機呢？

你離家住校或是工作在外租屋，但中學時代的參考書，小時候夜市贏來又大又醜的玩具熊，還大剌剌佔據在父母家的房間養蚊子嗎？

你做飯給全家吃，或買全家的伙食，是日常生活還是特別場合？

你是那種洗個杯子內側也洗不乾淨，洗碗會打破，縫個扣子就會扎到手的人嗎？別人看你做家事會覺得提心吊膽，或覺得你很痛苦嗎？你眞的以爲每年寫張母親節卡片，就可以繼續住在家裡讓家人幫你倒垃圾嗎？

這樣的你，連自己都照顧不好，遑論去照顧人。這麼說，並沒有任何不公道之處。爲人子女，如果責怪父母「三多」的同時，**自己一點都不獨立，欠缺的時候隨便伸手要，但又不要別人管，實在也好不到哪裡去。**

Q04 家人是最寶貴的VIP

我不止一次聽到長年在國外生活、工作的亞洲人，茶餘飯後疑惑地討論：那些流落街頭的「老外」，爲什麼不去投靠親戚家人，寧可在街頭行乞，因爲在西方，雖然很多亞洲人生活條件不好，靠著社會保險金或補助勉強生活，但再怎麼窮，也幾乎沒看過亞洲人在街上當遊民的。你有想過爲什麼嗎？你希望自己的父母向老外學習放手，讓孩子從小就自己做主，同時相信萬一在外面自己混不下去的話，父母讓你搬回家當「啃老族」是理所當然的事情，難道不覺得這兩者有衝突嗎？

雲門舞集的創辦人林懷民曾經提過他對於這一代年輕舞者的觀察，他說這些從小就當舞者的年輕人標準動作都沒問題，卻不太有生活經驗，所以比較缺乏情緒。

「……有一次，我完全沒轍，我告訴舞者要表演出『害怕』，但看起來還是不害怕……」

林懷民自己也是受到出國旅行，在雲門舞集暫停的三年裡，他走遍了印度、西藏、日本，尋訪舞蹈和音樂的靈感，於是才有了「九歌」這齣舞碼，裡面融合了印度、印尼、日本、西藏、台灣原住民的音樂，雲門舞集這些年贊助「流浪者計畫」，**就是鼓勵年輕人藉著出國、離開父母的身邊，去獲得生活經驗，加速成熟自己的生命**。

如果覺得家人沒有看到自己的獨立跟能力，並不代表問題出在父母，而是**自己的「客戶**

服務」做得太差。

稍微想一想，就不難發現如果家人反對，總是把我們當成孩子看待，大多是因爲我們沒有把心力用在我們生命中的VIP。

要表現的話，請把能力表現在家人面前。否則每天早上賴床爬不起來，好不容易起床了因爲已經要遲到而脾氣超壞，像鬼一樣兇，等到晚上回家後累得跟狗一樣，所以他們看到的都是白天像鬼、晚上像狗，中間人模人樣的時候他們都沒有看到，我們把自己的能力，好的一面都留給陌生人，而最愛我們的家人，卻很倒楣地只看到我們最不堪的一面。

我時常提醒自己，**家人是最寶貴的VIP客戶**，因爲他們是我們全世界最愛的人，同時也是世界上最愛我們的人，對外人要做十分也許才有一分的效果，但對家人即使只做了一分，在他們心目中卻會自動幫我們加到十分的效果。

還記得母親節送給媽媽那張超醜、送不出去，義賣時不得不買的口足畫卡片嗎？媽媽也感動得一把鼻涕、一把眼淚，覺得收到了世界上最珍貴的禮物，但我們時常以爲那是理所當然、天經地義的，就像媽媽最喜歡吃剩菜跟魚骨頭一樣，所以等到有朝一日，自己覺得準備好了，準備要離家去實現夢想的時候，一直以來包庇我們、袒護我們，從來沒看過我們能力表現的生命中的天使，當然會因爲擔憂而站在反對的那一方。

如果相信自己有能力，不但可能好好照顧自己，還能夠照顧別人，那就必須把這一面表現出來，這是第一步。

如果認爲自己準備好去當海外志工，那就讓自己有當志工的習慣和旅行的經驗，當又愛旅行又很雞婆，總是熱心助人的你，開口說要去海外當志工，每個人都覺得理所當然的時候，那才叫做時機成熟。

Q05 和父母溫馨談判的秘訣

如果你已經做好出國的準備，持續努力表現自己的能力，也相信自己表現得很好，但仍然無法得到家人支持的話，或許是跟父母開誠布公好好談談的時候了。

如果父母皺著眉頭質疑：「爲什麼會想要出國去打工度假？」

你眞的可以面帶微笑，一邊繼續洗碗，一面口條清楚，平靜而理性地說明自己嗎？

「雖然我可以做很多事，但是現在的我，並沒有特別想要繼續念書，也不知道自己未來非做不可的工作是什麼，既然剛好有這個機會，我存夠足夠的錢，可以不用花大錢就能出發，去的是我喜歡的國家，又可以累積社會經驗跟工作經驗，從這裡開始，我想一定可以學到更多在台灣學不到的東西。」

有什麼樣的父母，會對這樣的成年子女說不呢？

有時候，**父母也需要一些溫馨小提示**。

任何一個期待著新生兒來到世上的父母，都只有一個共同的願望，那就是希望生下來的孩子能夠健康就好，孩子生下來以後，忍不住先數有十個手指頭、十個腳趾頭，就鬆了一口氣，心裡想著，這個健康的孩子只要能夠快樂長大，當父母的就心滿意足了，絕對不會要求他考試第一名，成長的過程中也不會給他壓力……，但是隨著時間過去，父母時常會不小心忘記了這個當時給自己的承諾，開始相信廣告詞，不單不可以讓孩子輸在起跑點上，連「孩子，我要你比我強！」這種奇怪的話都說得出口，如果沒有及時提醒的話，不知不覺之間就會變成虎爸虎媽，聽到孩子打算要去當背包客旅行，覺得不如出國留學念個學位比較實在；要去海外打工度假？不如去補習準備考公職。如果到了這個程度，身為子女的，相信自己已經長大，可以為自己的人生負責了，也做了相當的準備，或許這是提醒父母他們當時的初衷的時候，讓他們知道，你一直在朝著成為一個健康、快樂的好人這條路上努力邁進，原本望子成龍、望女成鳳到焦慮地步的父母，應該也會回神過來，有如大夢初醒，意識到自己的偏執吧？

我有一個原本念日語系的朋友，決定到德國去打工度假，結果卻先去了北海道。一開始我覺得無法理解，後來聊天時她跟我解釋，在這麼多可以選擇打工度假的國家中先選擇日本，因爲有語言的基礎，距離（包括心理上的跟實際上的）也比較接近，生活比較不會成問題，不但讓自己安心，家人也會覺得比起突然說要去德國來得放心一些。但是我這位朋友，確實盤算到日本幾個月之後，就轉到德國去。九個月之後，果眞聽到她如願去了德國的消息，父母也因爲已經有一段緩衝期，適應了女兒第一次長期不在身邊的生活，從遠距離發現孩子確實已經長大，而且看到她在異國養活自己的能力，因此過一陣子後再聽說女兒要轉移陣地去德國的時候，這對父母變成了女兒最忠實的支持者，並且以她的獨立、勇敢爲榮。

與其認爲這是巧合，還不如說這是深思熟慮、水到渠成的成果。

難道去比較近的日本，而不是比較遠的德國，就不會有水土不服、語言不通、生活習慣不適應的憂慮嗎？

「其實我超怕的……」我這位朋友笑著說，「我不只怕冷，從小到大沒有一個人生活過，也不知道第一份工作結束之後，能不能順利找得到下一份工作，其實什麼都是擔心，但我提醒自己，對於未來當然會緊張，但是不用害怕，每次當我發現自己開始慌張的時候，就趕快到背包客棧看別人的經驗，或到Google或Yahoo搜尋關鍵字，比如住宿、交通、工作或注意事項，這些資訊其實也沒有特別的幫助，但亂看一通之後，說也奇怪，一旦心裡有個底，緊張感就自然而然不見了。」

我另外一位到以色列的有機農場打工換宿的朋友說，他遇到水土不服或是薪水太低，一開始看起來都是沒辦法解決的問題。

「後來怎麼解決的？」我問。

他哈哈大笑說：「網路太慢，無論如何都有辦法解決；但打工換宿沒有薪水可領，就不是有辦法解決的問題，而是問自己能不能接受。一旦學習接受了沒有現金可以花，但是其實生活無虞以後，這問題就再也不是問題了，**畢竟，這是我自己的選擇啊！**」

成長，其實本來就是船到橋頭自然直的事，解決能解決的事，至於不能解決但是喜歡的事，就學會接受。說實在的這樣的態度，充實的過一輩子足足有餘了，天下哪有什麼父母能爲孩子準備這麼好的態度來面對人生呢？

Q06 活出夢想，幫助別人

對許多家長來說，孩子花一、兩年打工度假，就算存錢回來，有難得的工作經驗，語言能力進步，或是浪費時間，不可外揚的家醜？但比較出國留學拿到博士學位，無論花多少錢，十年八年，回來找不找得到工作，都算是光宗耀祖的大成功。

我很好奇，到底對於父母來說，子女的成功是如何定義的？

曾經有記者問沈芯菱「成功是什麼？」時，她理直氣壯地說她這一代對成功有不同的定義，成功的定義，是可以幫助多少人，未必是打敗多少人。

而幫助是什麼？跑到非洲去當志工才算是幫助嗎？沈芯菱說無非是兩件事：

把自己的專業培養好；

用自己的專業幫助周遭的人。

社會上對於林懷民老師的雲門舞集，都認爲是很成功的，他從一開始就非常嚴謹地守住這份成功，而且二十年來越做越好，但林懷民老師自己對於成功的定義，卻讓人驚訝地比年輕的沈芯菱寬鬆許多，他說以前年輕人只有在職場成功，才算成功，但現在的成功卻可以是各式各樣的，不只是雲門舞集自己的「流浪者計畫」，對於年輕人去澳洲打工遊學，林懷民老師也公開表示覺得非常好。

「……今天的年輕人可以擁有全天下，不要評價他對社會的貢獻是什麼，那個東西不一定重要，重要的是，是不是活出夢想。」

必須是很有自信的人，才能理直氣壯地說出「活出夢想」比對社會「做出貢獻」更重要這樣的話來吧！如果每個年輕人跟他們的父母、師長，都能接受這個成功的定義，允許每個年輕人都可以沒有負擔的活出自己，做一個把自己夢想推到極致的人，**無論那夢想是什麼，**

當然都會變成一門專業。

一個充滿自信的專家，不需要有任何人規定或是催促，必定也會想把自己夢想實現的滿足感，帶給剛上路的年輕人，幫助他們能夠有朝一日像自己一樣，也能夠盡情綻放，活在夢想裡。

Q07 觀念沒有改，到哪裡都一樣

現實生活中，我也遇過旅行的經驗越多，觀念卻越來越狹隘的人，包括完成騎腳踏車環繞世界壯舉的，但當我聽到朋友轉述，回來以後的他卻得了大頭症，開始把自己當成英雄看，傲慢待人，我只覺得他憑什麼平白糟蹋了一個很棒的夢想，而因此覺得生氣。

就好像我在網上，看到有網友毫不遮掩地說，去打工度假是爲了跟當地的帥哥、正妹交往，然後就有可能拿到綠卡、楓葉卡。我忍不住想就算讓他們「把」到了，然後呢？也就是說，這樣的人極有可能帶著「西方」比較高尙的想法回來，認爲所謂的外國就是美國、加拿大，甚至只要能留在這些國家，即使出賣自己眞誠的情感也在所不惜，對家鄉都不留戀了，鄰近生活圈南亞、東南亞國家的種種人事物，當然是看不上眼的，於是如果有一天，即使貴

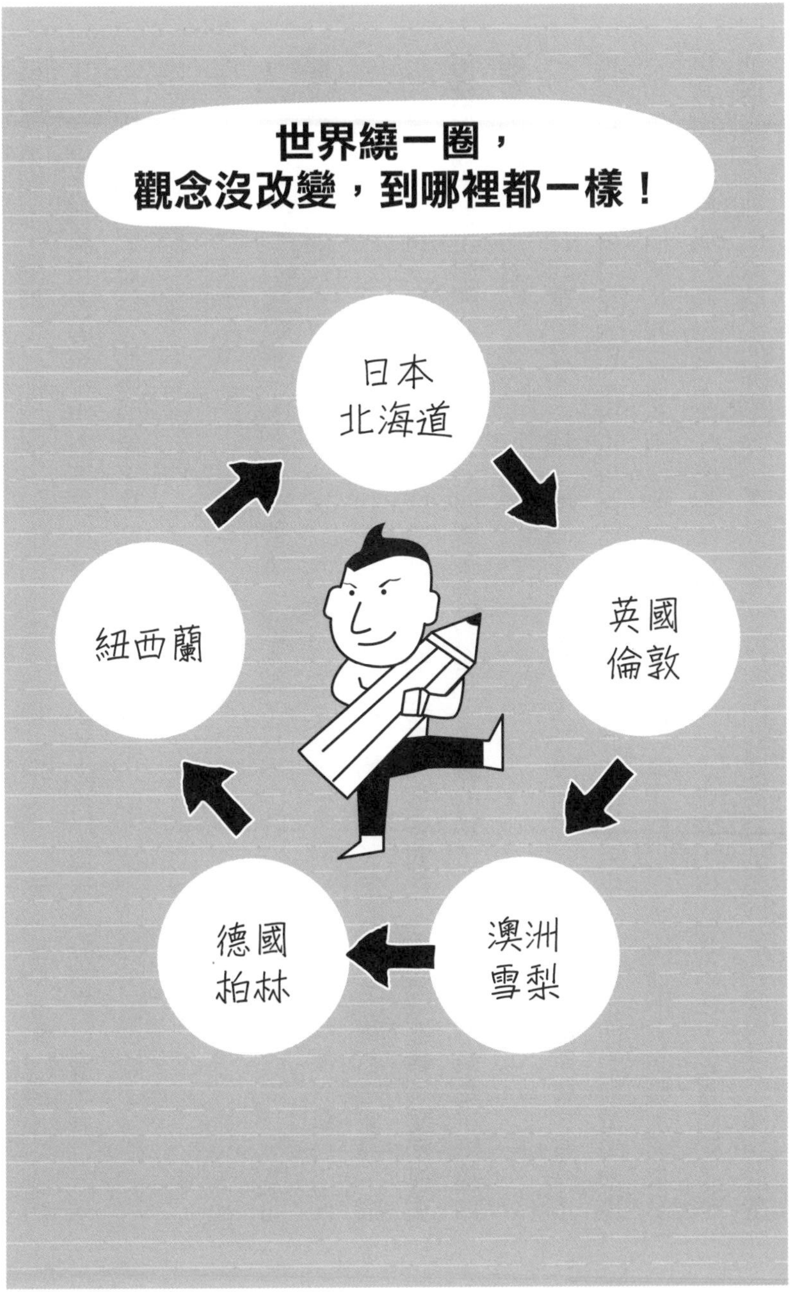
世界繞一圈，
觀念沒改變，到哪裡都一樣！
日本
北海道
英國
倫敦
澳洲
雪梨
德國
柏林
紐西蘭

爲達官富商，也毫不在乎地在別人的土地上蓄意虐待當地勞工、建立血汗工廠，就不足爲怪了，這就是無論再多的旅行跟國際經驗，也無法阻止觀念變得極端狹隘的眞實例子。

因爲**如果觀念沒有改變的話，無論到哪裡都一樣**。

出國並不是多啦A夢的任意門，一打開跨過去就是美好的世界。

現在很流行打工度假，讓很多年輕人充滿嚮往，以爲出國可以自然而然「解決」很多問題，但實際上卻只是逃避現實。作爲一個長年在海外生活、旅行、工作的專業NGO工作者，我一直覺得這種夢想不知道哪裡怪怪的。其實我很想直截了當的說：**出國不是仙丹，旅行不是捷徑，打工度假不是生命的魔術師，應該要先釐清很多觀念，用心做準備，堅定很多符合無論走到世界哪個角落，都應該要秉持的公平、正義的想法，有了這些好東西，出國才能真的為人生加分**。

在各種旅行的選擇之中，打工度假尤其讓許多人神往，從《澳洲打工度假聖經》這一本書的暢銷程度就可見一斑，但不可否認的，很多人因此改變了人生，得到正面的力量，卻也有許多人失望而歸，我身邊有兩位朋友，一位毅然決然離職把工作多年存下來的錢全部拿去舊金山遊學，另一個抱著「學什麼都好」的心態隨便去了倫敦，但回來以後，老實說除了存款用盡了以外，兩個人的結果差不多，人生並沒有因此變得更加美好，我覺得就是沒想清楚就踏出腳步的後果。

我相信這樣的狀況只會變得越來越多，當我從編輯朋友的口中聽到，連出版社的印務都嚷著說想要離職去打工度假；朋友學游泳學到一半，從未出國門的教練竟也決定放下正在游泳池中央漸漸沉下去的學生，要去澳洲working holiday；另一個友人無奈地說公司裡年輕的工讀生要離職，因為家庭有問題，面對的方法竟然是出國，目的地也是去澳洲打工度假，我才發現：「啊！原來好多人都是這樣想的！」

我很想跟這樣的人說：「如果出國只是想去開開眼界那很OK，但說到要改變現實中的自己，就需要思索了。」

對外國充滿想像並沒有什麼不好，如果小時候，從來沒有因為讀諾貝爾文學獎作品，引發對於外國各式各樣的想像的話，我也不會在長大後成為一個旅行者。

如果你也是一個對於外國充滿想像的人，要怎麼去預備？要提醒自己什麼事？旅行之後你要用這些經驗來做什麼？開始想這些問題的時機永遠不會言之過早。

總之，我希望以過來人的身分，能夠給剛剛開始練習作夢的年輕朋友一些不同角度的提醒，或許可以用另外一個角度來看這個美好的夢，視野不同，見解也會不同，可能比起瞎貓碰死耗子，會有更好的結果。

所以，不妨出國前先給自己這份人生問卷，想清楚「什麼是比打工度假還重要的事」，以後才不會後悔。**世界本來就是給準備好的人，如果沒有做好預備，那麼結果可能是零啊。**

Q08 夢想沒有對與錯

至於我自己，這一路走來，又是如何取得家人支持的呢？

我的童年，其實是在巨大而危險的煉油廠裡長大的。

一直到長大搬家離開煉油廠之前，我沒有看過夜晚的繁星，也沒有看過節慶的煙火或聽過婚禮的爆竹，只有巨大的火炬紅通通的照遍天空，一天二十四小時毫不間斷地發出轟隆隆的巨響。

「要看著那火炬，」擔任石油工程師的父親，在出門上夜班之前，會這麼叮囑孩子，「火炬千萬不能熄滅，要是看不到火把，就有大麻煩了。」

所以當我半夜醒來睡不著，想念父親的時候，我就看著窗外的火炬，雖然並不知道他具體做些什麼，只知道父親徹夜照顧著火炬，正在做著讓火炬不能熄滅的工作，於是才又安心地睡去。

爲了協助興建煉油廠，我從小就不常見到父親，印象中他總在東奔西跑，一下德國，一下泰國，一下美國，有時候幾個星期，有時候卻一去就好幾年。

長大以後，我才慢慢知道，父親擔任的是一份多麼危險的工作，但當時並不明白，因爲學校裡每個孩子的父親都幾乎毫無例外地在煉油廠裡做著同樣的工作，所以無從比較。

雖然不明白究竟，然而，我們這些孩子還是一直**仰望著火炬**。

記得念小學時，常常在課堂上呆望著窗外的火炬出神，回想起來，煉油廠的火炬對我來說，是相當接近於神的一種存在，幾乎是宗教性的，所有每天使用的物品，包括學校作業本的徽章，家裡使用的茶杯，全都印著火炬，就連逢年過節，父親從工作崗位帶回來的員工禮品，也是提煉石油的副產品「去漬油」。一瓶一瓶臭氣沖天又毫無用處的去漬油，就這樣年復一年，囤積在客廳的櫥櫃裡，越來越多，越來越莫名其妙。

那是一段相當奇特的童年。當我閱讀正職爲護士的英國作家Christie Watson寫的第一本小說《在遙遠那方的太陽鳥》（Tiny Sunbirds Far Away），從一個奈及利亞小女孩的角度講述，因爲婚變和開採石油而改變了命運的家庭苦難，我對於那又輕又甜的詛咒，感受特別深刻。

每次開車經過曼谷郊區Bang Rak這座泰國第一座煉油廠，我還是都會忍不住指著燒紅了半片天空的火炬，驕傲地告訴朋友：

「你看，這座煉油廠就是我出生那年，我的父親協助建造的。」

雖然那不會是我的夢想，也不會是我的人生，但是我對於父親終其一生活在建設時代的夢裡，而且做到最好，是充滿敬意的。我知道自己也要在國際NGO維持土地正義和自然環境的夢裡，做到最好，即使站在跟父親恰恰相反的立場也沒有關係，畢竟這原本就不是誰對誰錯的問題，我從小用崇拜的心態，支持著父親的專業和夢想，長大以後，父親也可以默默支持著我的專業和夢想，這樣就非常足夠了。

Q09 其實我是一隻老鷹

鏡頭快轉到現在，年事越來越高的父親不時在醫院進出，醫生說他腎功能衰竭，距離需要洗腎的日子，大概只有六個月到十二個月的時間，也就是說，如果醫生的預測不錯的話，今年的某個時間開始，我的父親就會隨著已經逐漸失去的視力，失去獨立自主生活的能力。

他或許將沒有辦法自己吃飯，沒有辦法自己刮鬍子。

他將無法閱讀報紙，或是使用手機，PDA，甚至自己出門散步。

今年的某一天，或許他將在浴室滑倒，於是連自己如廁沐浴都成問題，這樣的羞辱感將讓一個自尊心強而內向的大男人，更加沮喪、憂鬱，甚至失去求生的意志。

但是，這都沒有關係，作爲家庭的一分子，我們都會一起承擔，一起努力。沒有人說，家庭只容許有快樂的時光，既然生老病死都是我們來到這個世界上，有附帶條件的合約內容，就沒有理由在時候到來時，假裝驚訝或悲傷的樣子。

所以具體來說，我給自己的功課就是能夠平心靜氣的根據這些現實，調整我的生活腳步，而不覺得是遇到了麻煩。

或許有一段時間我將不能放心旅行、工作，或許有一段時間我的笑容將會變少，或許我會睡眠不足產生兩層黑眼圈，或是因爲疲倦暴躁而失言，但這並不表示我遇到麻煩了，只表示我的生活，像一個長長的句子，總會遇到一個頓號、一個逗號，或是一個破折號，搞不好還是個句號。

遇到句號，就換行或換頁另起，也沒什麼大不了，只要一個段落好好寫，還是可以很精彩。

人生的種種不便，就算不是今年，也會是明年。就算不是我的父親，也可能會是我另外一位親愛的家人。說不定是我自己。

看著孩子長大去實現夢想，父母的感覺就像放天燈那樣吧！注視著那一言難盡的渴望，緩緩升入無法規劃的軌道，父母也在學習面對，一旦放手，就別再多想，這也正是命運有趣的地方。但與其說對父母而言，我是他們手中放開的天燈，或是一只斷了線的風箏，還不如說我是一隻訓練有素的老鷹，不需要向鵜鶘那樣拴緊我的脖子，讓我去捕魚，讓我**盡情地去翱翔**吧！但是當我的家庭需要我的時候，我也會像老鷹那樣，義無反顧的從天而降，輕柔地降落在主人的手臂上，一隻從小被用眞情灌溉的老鷹，是不會一飛沖天就無影無蹤的。

輪到需要我的時候，我會回來。這是我對家人也是對自己的承諾。

第5件事

錢要多少才夠用？

- [ ] Q.1 要準備多少錢才能出發？
- [ ] Q.2 旅行途中的預算如何掌握？
- [ ] Q.3 看到自己的幸運
- [ ] Q.4 不要讓22K買走夢想
- [ ] Q.5 再不景氣也不能左右夢想
- [ ] Q.6 勇敢迎接改變
- [ ] Q.7 笑顏比賺錢更重要
- [ ] Q.8 回來以後如何面對金錢

Q01 要準備多少錢才能出發？

如果只是想旅行，去看看世界的話，其實不需要天文數字。

有一種所謂的「環遊世界機票（round-the-world ticket）」，這種機票每個主要國際航空公司聯盟都有出售，基本上可以從任何地方出發，順時鐘方向或逆時鐘方向繞世界一圈，有的期限是一年，只要不超過總里程數的話，基本上要停十站、二十站都可以，只要航空公司有固定航班能夠飛到的地方，想去哪都沒問題，這樣一張經濟艙的機票，究竟要多少錢？

其實查詢機票價格一點都不難，無論是打個電話到旅行社，或是上網，查票價都只是幾個按鍵就可以得到的資訊，每回當我說，這張票便宜的只要六萬多塊台幣，我總是會聽到台下傳來倒抽一口氣的聲音，也一定有人會說：

「怎麼可能那麼便宜！」

但事實上就是如此，如果只是要買這張可以環遊世界的機票，跟市面上一部摩托車的價格是差不多的。奇妙的是，我們從來不會聽到有人抱怨存錢買一台摩托車，是對台灣年輕人遙不可及的夢想，但明明是同樣的價格，許多人卻先入爲主覺得存夠錢買一張能夠環遊世界的機票，堅持那是件幾乎不可能的難事，所以連去詢價的勇氣都沒有。

所以，**錢不是最大的問題，自己才是最大的問題**，應該是相當公道的話。

要準備多少錢才能出門？去打工度假的話，無論是一年還是兩年，準備個十萬塊台幣就差不多了。

以台灣年輕人前往最多的澳洲或紐西蘭來說，機票加簽證等前置準備金至少要準備台幣五萬塊，如果有十萬塊，沒有計畫先上語文學校，加上第一個月的生活費用，在一個月內開始工作（或是錢花光之前一定要開始賺錢），其實是綽綽有餘的。如果有計畫先上至少一個月的語言學校，第二個月才開始工作的話，準備個十五萬台幣出發，算是很正常的預算。

至於找工作很難嗎？我一個想很多的朋友在抵達紐西蘭的第三天，就在朋友的介紹下進果園打工，之前的擔心都變成多餘的，原本準備五萬台幣的生活費就拿來買了一台二手車，後來開了整整一年。

Q02 旅行途中的預算如何掌握？

「工作到底爲了什麼？」

「我該做什麼樣的工作？」

這些在平常會衍生成人生大哉問的哲學問題，對於打工度假的年輕人來說，卻很容易回答。

我一位來自康乃狄克州的好友Adrienne，是一個有一頓沒一頓、傷痕累累的職業舞者。實際上，她從小在耶魯大學旁富裕的家庭中長大，還擁有紐約哥倫比亞大學的心理碩士學位，但是她卻選擇在人生這段時期，先不急著將高昂的助學貸款還清，而是追尋自己作爲舞者的夢想。

「因爲我一直到老了都還可以當臨床心理治療師，但是只有二十多歲的時候可以跳舞。」她這麼告訴我。

等到跳不動了，她會回到耶魯大學去念博士班，專攻厭食症的臨床治療，當然，這意味著會繼續延後她能夠償還大學、研究所一路走來的助學貸款，或許到時候會有獎學金，也或許不會，但是對於未知的將來，以及可能要花未來幾十年才能還清的貸款，雖然有些緊張，但並不害怕。

「只要現在我還是舞者，我就跳一天舞。」她說，「關於這個決定，我一點都不後悔。」

所以，錢到底要多少才夠用？五十萬、五百萬，還是五千萬？看來這並不是一個數字的

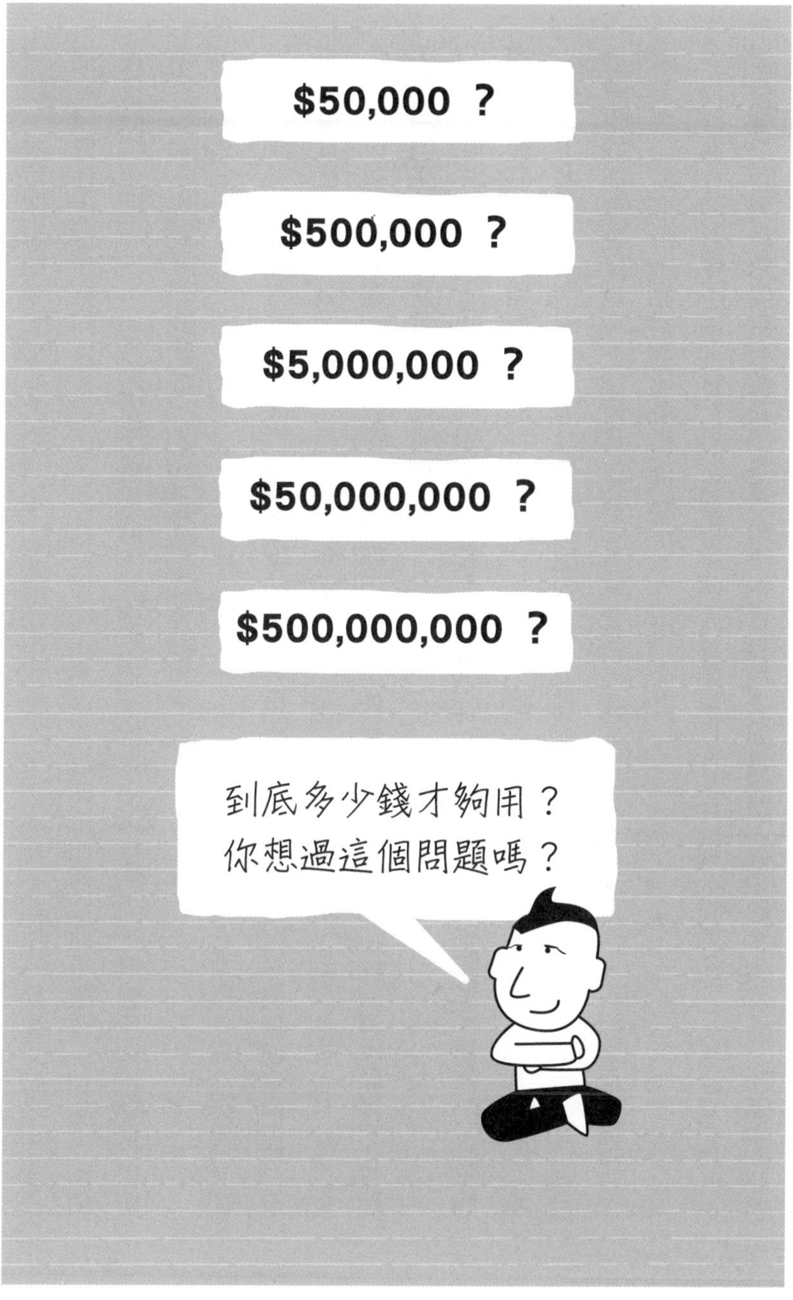
$50,000 ?
$500,000 ?
$5,000,000 ?
$50,000,000 ?
$500,000,000 ?
到底多少錢才夠用？
你想過這個問題嗎？

問題，而是你的舒適圈有多大的問題。舒適圈越大的人，手上需要緊抓的錢往往越少，需要很多錢放在身邊才夠的人，為了一份食之無味、棄之可惜的工作薪水而不敢冒一點險、去活在自己夢想裡的人，通常是安全感很低、舒適圈很小的人，這樣的人，無論多少錢都不會夠用的，因為出賣夢想的代價，是隨著年歲而與日俱增的。

雖然每個人的背景不同，不知道想做什麼的人也有各式各樣的原因，但是如果把自己的舒適圈擴大，那麼就算只帶了第一個月生活費跟上語言學校的錢出國，到一個可以打工度假的國度，這些大問題的答案就變得異常簡單——**工作是為了養活自己，而只要能勝任，也有人僱用的工作，就是我該做的工作**。

有時候，打工度假之所以迷人，很重要的原因是我們終於有機會**簡化了複雜的人生問題**，把想法化為簡單而勤勞的行動。

打工度假的工作內容，通常是稍微說明一下就很容易上手的。以農場摘水果來說，這是不需要特別專業技能，不需要英語檢定考試成績，或是大學文憑的工作，一個禮拜（週薪）兩萬到三萬台幣，並不是什麼稀奇的事。

每個人的目標不同，當然無法適用每個人，如果以存錢為唯一目的的話，省吃儉用，一年存個一百萬台幣回到台灣並不是什麼不切實際的天方夜譚。如果除了工作外，也想念語言學校，或好好去玩一段時間，那麼一年期間來說，工作六到七個月，念語言學校四個月，旅行一到兩個月，大概都可以做到收支平衡。

如果前往的是德國這樣消費比較高，鐘點薪水比較低的國家（中餐館一小時實領不到五歐元的話，跟台灣最低時薪工資差別不大），策略可以改變一下，如果是年輕女性，可以到au pair（http：//www.aupair.com/）這個全球會員國組織的家庭自行上網刊登找保母的網站，如果覺得工作內容可以勝任，就毛遂自薦寫自我介紹信去應徵，僱用家庭可以作爲贊助人辦理一年的簽證，吃、住都提供，會有自己的房間，像家庭的一分子般得到尊重，每個月有三百歐元左右的零用錢，一年還有一個月的有薪假，甚至有雇主提供語言學校的學費，雖然當保母對於大部分人來說未來的專業幫助不大，但是對於想練好德語的人，其實是絕好的德語環境，也是一個很好的文化交流機會，可以比較跟有些苛扣外傭的台灣家庭，究竟有什麼不同。

對於不介意農事的男性或對於當保母興趣不高的女性，不妨到WWOOF（http：//wwoof.com/）或HelpX網站尋找打工換宿的機會，雖然沒有薪水，地點也比較鄉下，但是包食宿，相對安全，可以交到好朋友，而且能學習到德國有機農業相當先進的觀念和做法，就算不用特別節省，平均每月花費也不到三百歐元，值得一提的是HelpX的工作比較多元，不侷限農場，還有青年旅館、民宿、烘焙坊等，對於務農完全沒轍的人也有不同的選擇，總之一年十萬到十五萬的預算，仍然適用於高消費的歐洲國家。

Q03 看到自己的幸運

老實說，台灣的年輕人到海外去打工度假，算是無憂無慮的，所以對於準備多少錢，花多少錢這種雞毛蒜皮的小事，前面說的費用其實也就足夠了。但我眞正想要說的，在打工度假的過程當中，是否因此**看到別人的命運，正視自己的幸運；同時看到自己的弱點，變成未來工作生涯的啓示**。

因爲台灣的中薪家庭，通常不需要靠這些到海外打工度假的年輕人用在海外工作的收入來養家，但在打工度假的過程當中，相信很多台灣年輕人生平第一次發現，每個禮拜很容易輕易花光的同樣薪水數目，卻是來自印度、斯里蘭卡、孟加拉、中國，或是其他地方的工人（很多時候是不合法的「黑工」）。而且他們還是家鄉整個大家族賴以爲生的經濟支柱。

如果沒有意識到命運的不平等，驕傲的認爲「他們是來工作的，我們是來打工度假的，我們不是『台勞』」，沒有檢視自己在這個全球化人口移動現象中扮演的角色，其實就失去了觀察移工如何影響世界金融的重要機會。

我一點都不會否認，在曼谷辦公室擔任全職工作的我，雖然是在國際NGO組織工作，但自己當然就是個「領泰銖的台勞」，靠著自己的專業工作沒有什麼可恥之處，對於明明在海外工作，卻認爲被貼上「台勞」標籤對祖宗八代是奇恥大辱的人（甚至部分政府官員），我覺得才是脫離現實、心態扭曲的。

一位在曼谷工作的菲律賓同事，聖誕夜時在自己的臉書上刊登了一則動態，內容是這樣的：

「致家人：很抱歉今年聖誕節因爲種種原因，我無法回家團圓，但是我對你們的愛已經轉到各位的銀行帳戶跟西聯匯款了。」

一開始，我以爲這是個玩笑，因爲他頭腦好，總是油嘴滑舌，但從他遠在馬尼拉的家人回應看來，顯然沒有任何譏諷的意思，對於一個虔誠的天主教徒來說，聖誕是個比過年還慎重的大日子，他人雖然沒回去，但錢轉回去了，實實在在的愛就傳達到了。

如果無法理解這樣的愛，那要恭喜你，表示你這輩子從來沒有需要用金錢或物質來表達愛，但是並不是每個人都這麼幸運。

Q04 不要讓22K買走夢想

時常有人問我，在我很年輕、財力很有限時，當時最大的夢想是什麼？這個夢想有沒有實現，現在回頭看，對現在的我意義又是什麼？

我是這麼看錢這件事的：錢財之於人生，就像石油或乾淨的水之於地球，本來就是有限的資源，我從少年的時候，就有一個很明確的財務幸福指標，那就是希望我所擁有的錢**「永遠比需要多一點」**，這樣就心滿意足了。

就這方面來說，我確實做到了夢想成眞，因爲我買東西之前從來不需要計算我的錢包裡或銀行帳戶有多少錢，當然有一個很重要的原因是我也從來不會想購買或擁有超出能力以外的物品。

對我來說，這就是最大的安定跟幸福。

無論未來決定走入什麼職場、扮演什麼角色，都要提醒自己，**千萬不要讓22K輕易買走夢想**，我甚至強烈建議每一個只要滿十八歲的台灣年輕人，夢想的「成本」至少該訂成月薪十二萬。

如果不相信自己的價值，那麼至少給自己三個月的時間走出去，向自己證明自己有每個月月薪十二萬台幣的條件，做到以後再回台灣，保證從此以後，面對自己跟謀職的態度就會完全不同，因爲這次你心底知道，如果只是爲了薪水而做一份不喜歡的工作，大可背起背包，再到可以打工度假的國家去打工，但是如果要留在台灣工作，無論實際上領到的薪水多少，都要有超過十二萬的價值，否則就是跟錢還有自己都過不去。如果決定留在學校，也要確認每個月是不是學到了願意掏腰包至少十二萬購買的知識？如果沒有學到價值十二萬以上的學問，那也不如立刻去辦理休學，到海外去打工度假。

認識自己滿十八歲以後每個月的眞正成本，這就是無價的視野新高度。

Q05 再不景氣也不能左右夢想

我並不是否認22K在台灣社會的眞實性，只是不認爲「大環境不景氣」**在我們人生當中這麼短暫、臨時的事，應該輕易左右我們一生的夢想。**

很多人只要一看到「式微」兩個字，就彷彿空氣中飄浮著一股淡淡的哀傷，但身爲一個每天的工作是協助公民社會適應、面對迅速「改變」的NGO工作者，我卻認爲式微眞是好物，所有的式微都代表一次難得的轉機。

比如說，如果日本經濟沒有在這十五年間急速衰落，就不會鼓勵那麼多的日本年輕人脫離大型企業的生命形態，重新思考個人的價值——反正無論如何努力也脫離不了派遣的命運，成不了正式員工，無論創業也好，追尋夢想也好，都變得可能了。這都要感謝不景氣讓改變的機會成本變小，更多的年輕人因此變得勇敢。從局外人來看，這是一件幸運的事情，現在的日本年輕人，或許沒有上一代富裕，卻比上一代快樂。

如果不是如此，二十多歲的日本男子永太郎，可能不會選擇擔任全日本目前唯一的男性藝妓，畢竟藝妓最早的起源，就是因為距今大約三百多年前的日本元祿年間，當時妓館人手不足，所以對外招收男子到妓館內反串女裝歌舞助興，後來才逐漸演變成為清一色女藝妓。

永太郎從八歲開始接觸學習傳統的女性舞蹈，十一歲就在國家大劇院中擔任演出，在母親去世後和妹妹一同接手管理藝妓屋，並不時會在電視節目中擔任嘉賓，以延續並振興日本的傳統文化之美。根據報導，永太郎平常雖然外表看似頹廢不修邊幅，但上了妝後他就會展現出充滿日本藝文的高雅姿態，在東京的「置屋」進行表演，相當受到歡迎。

日本大商社的式微，經濟的衰退，讓社會普遍的觀點從原本傲慢的「這年輕男人怎麼那麼沒出息」，變成「眞羨慕永太郎能自成一流啊！」外國媒體近期「發掘」他，並且進行特別報導，就是這個時代一種成功的證據。

先不提男藝妓，藝妓本身就是面臨「式微」的行業。在一個世紀前仍有八萬多藝妓的日本，如今約只剩下一千人，藝妓的原文「藝者（geisha）」一詞原本便是「美藝之人」或是「藝術表演工作者」的意思。藝妓從過去就爲日本上層人士服務，普通人只能在那些豪華神祕的茶肆酒白面下，根據二〇一二年的一項全日本的民意調查，絕大多數的日本人在過去一年內不但沒有接觸過藝妓，也不知道如何找到接觸的管道，似乎只有非常有錢的生意人，和有權有勢的政客，才有可能接觸得到。

也因爲藝妓的沒落，來自澳洲，金髮碧眼的斐歐納（Fiona Graham），才有可能成爲全日本唯一的外國藝妓，藝名「紗幸」。

出身牛津大學主修人類學的她，當年是因爲英國廣播公司（BBC）需要一名志願者接受一整年的藝妓學徒訓練，作爲紀錄片的主角而首次接觸日本藝妓文化，但是一年之後，也就是二〇〇七年，她卻入戲已深，決定留在日本走上藝妓之路，加入東京淺草區的藝妓協會，正式成爲一名藝妓，主打強項是橫笛。

Q06 勇敢迎接改變

或許有人會說，連日本藝妓也瘋狂的泰拳，魅力應該是無法擋了吧？

幾百年來，泰拳已經從一項古老的殺人技術演變爲一項激烈的競技運動，推廣到世界各地，號稱「五百年不敗」，已經成爲一種時尚，一種娛樂。八〇年代後，香港拳壇起了很大變化，就是因爲泰拳以旋風式橫掃全港，讓傳統中國武術、拳擊運動逐漸「式微」，一時間泰拳館如雨後春筍，拳賽此起彼落，名將輩出。

但是斐歐納醉心的泰拳，又何嘗沒有面臨「式微」？

在泰國，這是窮人的職業，只有窮人家的子弟才會去打泰拳，一是因爲它太激烈，二是因爲訓練太辛苦。但在經濟不發達的泰國農村裡，有時一個拳手是全家的唯一經濟支柱，在這種生活壓力的驅使下，激發了本來先天體魄並不出色的泰國人的求生潛能。在泰國當地專門教授泰拳的，通常是孤兒學校，學校裡訓練這些從七歲到十八歲的孤兒，從小就體認這輩子唯有靠泰拳才能翻身，改變命運。所以泰國人打拳和外國人打拳的風格有明顯不同，凶狠異常，因爲泰拳已經不僅僅是防身、健身的活動了。

由於這樣的社會標籤，只要有點經濟能力的泰國家庭或中產階級，絕對不會讓家裡的孩子去學泰拳。泰國的傳統搏擊技術，可說全是靠著沒有這種文化包袱的外國人而復興起來的。簡單來說，如果不是因爲那麼多外國人的參與，泰拳在世界上根本不會有今天的主流地位，因爲它在泰國社會中早就「式微」了。

如果我能夠提供什麼結論的話，那就是：**「勇敢迎接改變」**，與其視改變爲洪水猛獸，不如**張開雙手迎接外來的新成員**，並且期待這些跨界的嘗試會帶來什麼令人驚喜的改變，「式微」沒有什麼好悲傷的，因爲「式微」的快樂，是一件只有在全球化的時代，才會發生的事，而我們有幸躬逢其盛。

Q07 笑顏比賺錢更重要

日本女生山口繪理子說最讓她感到安慰的，不是獲利，而是七十六位孟加拉員工的笑顏。

光是看這樣的標題，你覺得很虛偽嗎？

在你輕易嗤之以鼻以前，我想說的是：世界上有很多人是真心這麼相信的，你只是還沒有認識世界上原來有比錢更有力量、更有格調的標準而已。**潛能的激發，有時確實需要強烈的信任感作為支撐**。

二〇〇六年三月，Motherhouse株式會社在孟加拉正式成立，山口在幾年後成立了自己的工廠。和一般品牌不同的是，她的商業模式並非透過便宜的工廠代工生產，而是在孟加拉與尼泊爾創立自己獨樹一格的「笑顏工廠」。

山口繪理子從小接受日本商業社會的薰陶，深知任何商品好或是不好，取決於細節，喜歡日劇的觀眾大概都知道，這些所謂符合日本消費者要求的「細節」，有時在外人來看是不可思議，甚至近乎神經質的。

但是山口願意相信其實孟加拉的工人如果學會注重這些過去在貧窮的當地從來沒有看重過的完美小細節，讓他們做出如日本在地工匠品質的手工產品，其實是有著無窮潛力的。

因此她決定支付員工高於當地平均薪資兩倍以上的酬勞，並且提供勞健保、員工餐點、健康檢查等福利制度，萬一工廠員工的家裡有緊急需求，還可以向公司申請免利息的員工貸款，度過家庭經濟的難關，但是這些優惠的條件，前提是員工必須學會非常注重小細節，學會什麼叫做品質。

據說在工廠剛成立初期，所有出貨前的商品，山口繪理子都會每個物件一個一個親自檢查，即使是再小的瑕疵也要員工修改，絕不馬虎。可以想像，這中間需要經歷多少次溝通、爭執、學習的過程，才讓她一手建立的生產團隊，通過市場考驗，最後終於達到可以讓日本最挑剔的消費者也能欣賞的品質，打進日本精品百貨市場。山口自己也因此回到東京的專業學校，上了三個月的設計課，因爲光有一個好故事，是不夠的。

在過去，這種提倡公平貿易、合理薪酬的企業其實不少，但許多光是販賣消費者的愛心往往不能眞正通過市場的考驗，最明顯的例子就是許多台灣本土的慈善團體，一窩峰推出中秋月餅禮盒結果乏人問津的粗糙操作手法。

光是付員工兩倍的薪水，也不會因此改變孟加拉社會結構性的貧窮，但是我相信，如果孟加拉的手工師傅，開始具備能夠做出符合日本精品的技術，有敏銳的眼睛跟巧手終於可以分辨出普通商品跟精品的區別，並不在於原料不同，畢竟，孟加拉隨處可見的黃麻就不過是黃麻而已，傳統以來就只被用來做成盛裝麵粉與咖啡豆的粗糙麻布袋，而在於時尚包創新的原創設計、自然的設計風格與禁得起考驗的精緻品質，創造出難以取代的品牌價值，才能讓這個在挑剔的日本消費者連聽都沒聽過的孟加拉創立的手工品牌，得以打入日本市場，持續多年仍然禁得起考驗的關鍵。Motherhouse的故事終於成為國際媒體爭相報導的時尚品牌，成立的第二年就達到收支平衡，且接下來每一年都獲得盈餘。六年來已經在日本的精品百貨店開設了九間店，甚至拓展到台灣，成爲第三間海外分店。

Q08 回來以後如何面對金錢？

但是Motherhouse之所以成爲「笑顏工廠」，並不是很膚淺的因爲員工可以多領薪水，有各種福利，所以大家都背地哈哈開口笑這個傻瓜老闆山口繪理子，而是生平第一次，一群即使自己也看不起自己國家產品的孟加拉工人，驕傲地向連義大利皮件設計師也戰戰兢兢的日本精品業證明，改變工作方式、商業習慣、商品的設計、工作環境，帶來好的品質、一流的手工，可以讓原本廉價的原料創造極高的價值，能夠認識這個教訓的人，是不會在22K上鑽牛角尖的，因爲22K絕對不是看過世面的人需要憂慮的事。

巧合的是，山口一開始賭上在日本打工存下的所有積蓄，剛巧也就是約十五萬台幣。所以**如果有十五萬元的話，看來在這個世界上，要做些改變自己，甚至改變世界的事情，都是有可能的呢！**

無論是當背包客也好，出國念書也好，打工度假也好，像我一樣理直氣壯地當「台勞」也好，我覺得有一個基本條件：那就是不能因爲旅行而負債。

許多人對於「當幸運來敲門」裡面黑武士、白武士追尋四葉幸運草的故事深感同意。實際上也是如此，成功與失敗眞正的區別，在於是否你創造一個適合四葉幸運草成長的環境，給自己一段到海外去認識世界，「見見世面」，其實就是創造這個環境的過程，所以同樣出國回來，有些人覺得從此對於人生與工作有了完全嶄新的態度，也有人覺得回來以後，一切還是跟原本差不多。

「我已經一無所有，回到紐約從頭來過四次了，一開始怕得不得了，但是有了幾次恐懼的經驗以後，對於一無所有再也沒有什麼擔心，一切都會沒問題的。」我的心理學家舞者朋友Adrienne淡淡的說。

錢，本來就會是美好人生自然而然的副產品。就像不知道環遊世界的機票多少錢，**錢本身不是最大的問題，自己才是最大的問題。**

第6件事

出國就會變語言高手嗎？

- [ ] Q.1 需要是學習之本
- [ ] Q.2 語言不是鼻子過敏，出國就自動變好
- [ ] Q.3 行前準備說外國話
- [ ] Q.4 人在國外現場的語言加強法
- [ ] Q.5 藏在身體內的超人在哪裡？
- [ ] Q.6 語言的恩惠

Q01 需要是學習之本

我最近在柏林跟一位來自阿根廷的老朋友Gerardo吃飯。他學習德語的故事，不時讓我拿出來作爲範例，說明「需要是學習之本」到底是什麼意思。

Gerardo出身在一個律師家庭，原本在布宜諾斯艾利斯當律師，但是後來爲了想要給自己的人生更多空間做自己，於是搬到了英國倫敦，從進入景觀學校半工半讀開始，生平第一次走自己選擇的路。

過了幾年，倫敦的工作、生活形態已經無法滿足他，於是當他找到一份在德國柏林的跨國公司人事經理的工作時，義無反顧的將倫敦的工作辭去，公寓退了租，將銀行裡所有的英鎊都結匯成歐元，帶著行李去德國開始新的生活。

但是當他到辦公室報到的第一天，發生了一件意想不到的事。

「咦？Gerardo先生，你難道不會說德語嗎？」他的上司見到他的第一句話劈頭就問。

「完全不會。」Gerardo很誠實的回答。

「難道你不知道這份工作，必須要全部使用德文嗎？」

我的阿根廷朋友當時覺得有如青天霹靂，因爲他已經沒有退路回不去了，這下該如何是好？

他的老闆雖然寄與無限同情，卻也無可奈何。最後提出了一個折衷的方法：

「這樣吧！你有六個月的時間，這段時間我先找人代替你的工作，如果六個月之後，你能夠用德語聽讀說寫，那麼這份工作還是你的。可是如果到時候不行的話，那就沒辦法了……」

因爲他沒有多餘的閒錢，只能找每個社區都設有專門給到德國的新移民上的廉價語言、文化課程，五個星期約一百出頭歐元左右，因爲不用看證件，無論合法、非法移民都可以來上，如果沒有工作的人，可以一個禮拜七天，每天上四個小時，需要一面打工爲生的人，也可以選擇上夜間部。

並不是特別有語言天分的Gerardo六個月後，竟然眞的可以應付作爲人事經理工作所需要的德語程度，在柏林順利開始了他所喜歡的專業工作，而且轉眼已經過了三、四年。

每當有人問他爲什麼能夠在那麼短的期間內，把一般人認爲相當困難的德語學好，也沒有什麼好的師資，他都聳聳肩：

「那還不簡單？**因為我需要。**」

Q02 語言不是鼻子過敏，出國就自動變好

很多人覺得學習外國語言非常的困難，也常常聽到別人潑冷水：

「語言不好，根本別想要出國！」

但是以到澳洲打工度假的年輕人爲例，雖然很多人到澳洲，會覺得自己英文不好必須上語言學校，語言學好了才敢去外面找工作。但是別忘了，澳洲法令規定上語言課程最長的限制是十七週。意思就是說，就算不想去找工作，也不能待在語言學校念英文超過四個月。

意思就是說，澳洲政府根本不覺得外國人來到澳洲，不會說太多英語，對於在澳洲境內打工會有什麼問題。

所以**到底什麼叫做「語言有問題」**？

前面提到來自開南商工，要去馬來西亞參加青少年發明展的李世傑跟我說，他有三個月的時間，問我這樣夠不夠。

「會不夠嗎？我一點也不這麼認爲。」

顯然，我是唯一一個告訴他三個月學英文綽綽有餘的人。

重點是，他這九十天要用什麼方法學英語。

如果他的方法是買一本《1000個必備單字》，然後從第一頁開始讀的話，情況或許不樂觀。但是如果他意識到，自己之所以想在三個月之內讓英文進步的目的，是爲了要去參加發明展，那麼我就覺得時間其實相當充裕。

因爲他唯一要做的，就是想著，他到了國外要怎麼跟裁判介紹他跟兩個好朋友設計的這個「Feel the bottle」的發明，他希望能夠透過這個簡單的小發明，在現有的商品包裝上增加幾句點字說明，並不會改變或更動商品的外觀的前提下，喚起企業界對於視障朋友的關懷與重視，但是對於視障朋友日常生活的便利性卻可望大大提升，同時也能夠讓視障朋友們獲得應有的尊嚴。

那他要學的，就是如何把這段話變成他自己能夠理解的英文，清楚、流利地說出來，不就達到目的了嗎？從此以後，這些他已經作夢也可以倒背如流的介紹文字就變成他學習其他英語的最好範例句型，我一點都不覺得這是三個月做不到的事。

否則，我在NGO工作，爲什麼大多數的同事，都可以在學習一個新的語言兩個月之後，就出發到現場去工作呢？因爲他們**知道自己要學習的語言，要拿來做什麼用，所以有很清楚的目標，學習對於自己最有用的部分**。

Q03 行前準備說外國話

至於從台灣到澳洲去打工度假的年輕人，我知道的例子，無論英文再怎麼不行，通常上一個月的語言學校，也就敢去找工作了。

因爲實情是，英文不好雖然比較難找到工作，但當然還是可以在農場這種不需要使用英語，或是在華人經營的店家工作。很快的，有和老闆或是其他員工之間溝通的能力，就可以去找更多元的工作。**很多人以為只要出國，外語能力跟鼻子過敏一樣，自動會變好**，其實如果沒有鼓勵自己去主動學習，每次上超市買菜，還有到餐廳點菜時隨身帶本小字典，勤於查單字，把不認識的字用紙筆寫在單字卡上，隨身放幾張在口袋裡複習，可能就已經遠遠勝過上語言學校的效果了。

但是如果得過且過，不求甚解，因爲「不知道對不對，反正人家有聽懂」，所以**日復一日不斷使用原本錯誤的用法**，打工度假一年下來，原本生疏的錯誤，卻變得非常熟練，成爲所謂的「頑化現象」（Fossilization），反而更糟糕。

成行之前，可以開始模擬到了國外以後的情況，在自己的腦海裡面開始，把日常生活隨時隨地會用到開口說的話，試著翻譯成外語。

因爲如果你是個在台灣時常問廁所在哪裡的人，想必到了國外也不會突然就不想上廁所了，不是嗎？

如果你是個在餐廳很講究牛排幾分熟，配菜的馬鈴薯泥總是想換成洋蔥圈的那種囉哩叭唆的客人，也絕對不會出了國就變隨和起來。

最好的方法，就是出國前，養成帶一本小字典的習慣，當你發現自己無法順利地把平常想要說的話用外語翻譯出來時，就查一查，寫在單字卡上，如果沒有答案的話（比如不確定煎牛排三分熟跟五分熟的說法），就把你想用外語說的話先用中文寫在單字卡的其中一面，然後上網或是請教知道該怎麼說的朋友，之後這些單字卡隨身帶在身上，有空就隨便抽出來考考自己，出國的時候也**把這些已經背誦過的單字卡帶在身上，就不會出國以後，才一切從頭學起**。

Q04 人在國外現場的語言加強法

如果人到了國外，還不把握學習的機會，那就太可惜了。這是爲什麼我很同意西班牙

（○）每次上超市，去餐廳點菜隨身攜帶小字典。

（×）反正人家聽得懂，不求甚解，日復一日用錯誤的用法。

（○）在腦海裡把日常生活隨時隨地翻譯成外語。

觀光局幾年前的一個觀光標語，大意是說「西班牙有多少人口，你就有多少位西班牙文老師。」所以如果要說話的時候，當然就要把握機會跟當地人說當地的語言，而不是躲到房間裡。

「不知道」常常是恐懼真正的根源，真的走出國門後可能還沒到目的地，就發現英文已經沒那麼可怕了，沒出過國前覺得開口說英語好可怕，結果第一次出國，在飛機上，空服員推著餐車過來，還沒到就已經心臟快要從嘴巴裡面跳出來了，等終於推到面前時，發現空服員就只說了三個字「Coffee or tea?」沒想到我真的聽得懂耶！結果學了十幾年的英文會話就爆發在這瞬間，終於開口說出了「Coffee please!」兩個字，心裡的滿足感應該永遠不會忘記吧！頓時會覺得自己怎麼那麼厲害，不只聽懂別人說的話，自己說的話對方也聽懂了，這是人跟人的溝通，而不是句型、文法、克漏字。

如果我們要等自己中文文法學好了才能開口說中文的話，那可能到現在我們還不敢說中文吧？不信的話，去找一本中文的文法書來試讀看看，應該就會發現原來我們從小到大就覺這得得心應手的中文，連文法都看不懂。

在開始害怕之前，先記得肢體語言的力量。

Q05 藏在身體內的超人在哪裡？

出身伊拉克的庫德族導演卡讚卡德爾（Karzan Kader）以難民的身分在瑞典生根，他拍的「美國超人夢（Bekas）」半自傳電影裡，其中有一段孤兒兄弟的對話：

「超人會說庫德語嗎？」弟弟對於要到美國找超人，是否有辦法跟超人溝通對話有點憂心。

「超人不只會說庫德語，還會說瑞典話，也會中文！」哥哥不假思索地說。

原本沉重的劇情，突然就輕鬆起來，讓人忍不住哈哈大笑。

大部分想花一年Gap Year去旅行，或是打工度假的年輕人，無非是想要尋找在自己身體裡面的那個超人，但最後很多人還是打了退堂鼓，原因（或說「藉口」更加貼切）可能是認爲打工度假所學習到的工作經驗帶不回家，一年的空窗期影響未來的生涯規劃，就算認識新朋友也不能長久，家人朋友不能諒解支持，不如等未來有錢再去旅遊享受等等，搞不好現在還會多加上一條，說不要出國才不會不小心把有時態學得太好，以至於以後變窮，那種邏輯就像明明一身贅肉，卻說不可以運動，免得變成一身硬邦邦的肌肉，到時減不了重。

當然，會這麼想的人，通常也不會因爲留在國內，就因此利用這一年時間，得到可以一輩子受用不盡的一技之長，在職場扶搖直上，多認識值得結交一輩子的朋友，或是因此做了什麼全家傾心支持的事業，當然，「以後有錢了再去旅行」的夢想，大多也永遠不會實現。

花了一年去旅行或打工度假的人，就算被這些悲觀主義者說中了，回來什麼都沒有剩下，其實都還有著一件非常棒的禮物，那就是在外語的環境下體驗過一段時間。就算工作經驗本身只是簡單的勞力工作，但是在外語工作環境下體驗，這段時間每天重複使用的字句，想必一輩子都忘不了。

每個人從生活中學到什麼東西，本來就完全掌握在自己手上。想學好英文的人，在台灣也可以學得很好，但是在台灣學不好的人，如果到了英語系國家，只要每次去逛超市買菜，到餐廳吃飯，都隨身帶一本袖珍字典的話，就已經夠讓你的英文突飛猛進了。

住青年旅館或宿舍時，也可以選擇不要老是對著電腦螢幕用網路看台灣網站，讓自己每天晚上泡在客廳，找個外國背包客聊天認識多一點朋友，我不相信你的英文會學不好。而這些新朋友，當然有可能是你人生中最最重要的朋友，不看重海外認識的朋友的人，我也不相信他們如果待在國內就會看重朋友。

找工作時，一開始如果實在語言不通，到不用開口的農場、工廠先待著，膽量稍微大一點了，基本的指示聽得懂了，大可走出舒適圈，特地尋找一些不尋常的工作機會，讓你在人

一輩子受用不盡
的一技之長

↓

一輩子的好朋友

↓

一輩子忘不了的
外語能力

生中有不一樣的體驗。容易安於現狀的人，就別再抱怨「出國也沒什麼」的權利。**真正的超人，最神奇的能力，是勇於不斷離開安逸的現狀，去挑戰自己。**

Q06 語言的恩惠

我認識一位打工度假的朋友，經過幾個月眞實生活的外語薰陶後，決定進一步去挑戰試做業務員。這家公司的業務員，是來自世界各地的背包客，從日本人、德國人、法國人到愛爾蘭人、英國人都有，所以有些人的母語是英語，對有些人英語則是他們的第二，甚至第三外國語。每天早上先在公司集合，然後載這些年輕人到郊外的住宅區，分批放下，六個小時以後才去原地點接他們回到市區，這中間的時間，就挨家挨戶推銷住戶更換他們目前使用的電力公司，工作本身很無聊，就是重複介紹電力公司的業務，也有業績壓力，但是在這反覆介紹的過程當中，還有噓寒問暖的聊天之間，我這朋友發現自己的英語能力，不知不覺突飛猛進，可以連講五分鐘不跳針也不用換氣，連自己都大吃一驚。

在海外工作，跟留學的情況很不一樣，因爲在學校的環境裡，無論是老師還是學生，大家都意識到是外國留學生，自然講話會放慢、會用簡單易懂的字，但到了職場工作，或許讀跟寫的部分，不能跟整天寫報告、趕論文的學生比較，可是聽跟說方面的能力，在業績壓力下，很容易就進步了。

回想我曾經做過跟語言相關的工作，至少有九樣：

1.筆譯：隨時可以把工作帶著走。

在中學開始當背包客的時候，總是需要每天下課乖乖去打工的餐廳報到，省吃儉用才能將平常收入的存款，利用寒、暑假期出國旅行。雖然不失爲一個好方法，但是這種工作的最大限制是，只要我工作的時候就沒有辦法旅行，去旅行時就沒有辦法工作。

於是，能夠把工作帶在旅途當中做，成了我努力的目標。由於我時常前往一些冷門的地點，就算是去熱門的東京，我也總喜歡探索少爲人知的小店，因此開始接受旅遊雜誌的委託，翻譯、增修旅遊指南，

既然我人已經在現場，而且英文版的旅遊指南已經被我翻得快要爛掉了，可以藉著翻譯熟悉的內容賺點外快，何樂而不爲呢？就這樣走上了一邊旅行一邊翻譯的道路。過了一段時間，不只是旅遊指南，連雜誌報導、外電翻譯、甚至長篇小說，都開始有了翻譯的case，雖然翻譯的費用不高，但好處是就算我在旅行的途中也可以完成，可以把工作帶著走，這是在餐廳打工、或是當家教這種固定形態的工作無法相提並論的。

在擔任筆譯的過程當中，我認識了一些各國的譯者，也因此很吃驚地發現，有一些歐洲人，可以順利地翻譯十多種歐洲語言，但是卻一種都不會說，我也才發現原來「讀、寫」跟「聽、說」的語言程度是可以完全分開的，另外也有很多英語爲母語的翻譯只能中翻英，卻不能英翻中；相反的，很多中文爲母語的譯者，只能英翻中，卻無法相對流利地把中文翻成漂亮的英文。

可以雙向流利切換的筆譯者，聽、說能力通常也都很好，也表示他們可以挑戰下一階段：同步口譯。

2.中英同步口譯：增加國外人脈機會。

擔任文字翻譯一段時間以後，我開始注意到有些朋友靠著在旅行途中擔任同步口譯增加收入，讓我非常羨慕，因爲往往一天的口譯下來，就相當於我筆譯兩個禮拜的收入。

當我開始接觸口譯的工作以後，才發現同步口譯並不像我原本想得那麼輕鬆。雖然表面上一場研討會只有一兩個鐘頭，翻譯完就可以拿錢走人，但是我卻沒有想到每一場口譯的工作，都可能要事先爲了這個行業的專門術語等等，花上相當於十小時的時間準備，否則突然講到各種螺絲帽的種類、模具的材料、第四台的訊號封包傳輸這些細節，總不能呆若木雞吧？所以眞正的工作時數，其實還要加上事前準備的功夫。

於是我也才明白，擔任文字翻譯雖然辛苦，報酬不高，但是有一個好處：萬一遇到不懂的地方，可以查字典、慢慢字斟句酌，甚至拜託旅途中遇到的其他旅行者幫忙解惑，但是口譯時一切要靠自己臨場反應，完全沒有其他人能夠幫上忙。但是沒有任何人，可以完全明白所有的事物，難免有無法翻譯的時候，甚至有些商業談判的場合，翻譯者是否能夠得到僱主或是檯面各方的完全信任，已經超越了語言能力的問題。

眞正好的口譯者，不是語言能力最強的人，而是在「信、雅、達」的前提下，還能夠跟陌生人在很短時間取得默契的溝通高手，有經驗的旅行者，因爲閱人無數，往往在這方面有過人的優勢，也開始有一些原本只限在會議場合的客戶，邀請我跟著他們到國外開會，工作時東征西討，增加了我在國外人脈的機會。探究背後的原因，除了我只要搭經濟艙就很滿足以外，我大概也是唯一一個會把 "Something good will come out of it." 幫台灣客戶翻譯成「苦海嘛A噗蓮花」的口譯者吧！（笑）

3. 英日同步口譯：練膽量。

當我在擔任中英文的口譯時，我開始注意到英日之間的口譯人才，在兩岸三地都相當缺乏，所以僱主甚至會願意提供三倍的價錢來找人，避免他們需要千里迢迢從國外付機票、飯店費用，卻找來可能並不合適的口譯人選。一聽到「三倍價格」，當時還是打工族群大學生的我，不由得心動，立刻下定決心也要成爲一個英日口譯者。

但是只有一個小小的問題：那就是當時的我，根本不會日文。

既然已經下定決心了，我決定把日文學好。當時我在台大念書，學校裡有一個對外招生的語言中心，於是一整年，我犧牲每天中午吃飯的午休時間，下了課就騎腳踏車到語言中心去上每天中午十二點到一點的日文課。就這樣連續一年的努力之後，我開始從事生平的第一個英日口譯工作。

那份工作也是日文進步最快的一段時間，內容是在暑假的三個月期間，替澳洲一所日本人學校的校長，擔任臨時的英日語翻譯，當時一小時的費用是四十澳幣（折合一千兩百台幣），上工之前對於只學過一年日語的自己，究竟有沒有辦法勝任這份工作忐忑不安，沒想到實際上比想像中容易很多，因爲那所學校在澳洲黃金海岸內陸約一個多小時的車程，算是很鄉下的地方，那座私立學校最有名的就是擁有十八洞的高爾夫球場，學校學生人數不多，校長也很少需要跟外界打交道，但是他之所以需要翻譯幫助他解決的問題，就是跟當地市政府跟衛生局抱怨，因爲高爾夫球場上跳來跳去的野生袋鼠太多，所以不是球常打到袋鼠，就是袋鼠踢到球，以及果嶺上永遠清理不完的袋鼠大便，我很快就發現，原來我三個月的主要工作，都是在講跟袋鼠大便有關的問題，是另外一種另類的「黃金」海岸，只要單字查過一次、親自講過一次，以後就沒有問題了，「原來口譯也不過如此啊！」鬆了一大口氣，不過還是很高興，那一個暑假我就帶著提升的英日語能力，還有接下來一整年的學費加生活費回來了。

在那之後，我就開始接受客戶委託，在不同的國際會議場合擔任英日口譯。

4. 語言優勢：什麼都賣得出去！

在美國念書離開學校以後，我進入的高科技公司是專門處理科技產品跟軟體面臨的語言需求，所以公司的同事有八十七種不同語言的專家，我注意到一個非常特別的現象，那就是有許多同仁來自小小的猶他州，完全不成比例，讓我感到非常困惑。

經過多年的相處，混熟了以後，我才終於解開了謎團。原來摩門教會讓年輕男性，在二十出頭的時候，無論有沒有特別的語言天賦，都花上一兩年的時間，分派到全世界各個國家去常駐，學習用當地的語言來宣教，前往的地點當然也包括台灣，這些挨家挨戶過著像電力推銷員生活的年輕傳教士，回到職場以後，因爲他們的語言能力和國際經驗，變成美國企業競相優先聘用的人才，大大增加了他們的職場競爭力，畢竟連這麼難「賣」的摩門教都能賣的人，還有什麼賣不出去的？

也因爲他們的優勢，終其一生都將賺取比一般美國同樣學歷、專業能力，但是沒有外國語言跟國際經驗的中產階級更高的薪水，所以可以定期回饋給教會的捐款也比一般教會更多，就可以說是一個「雙贏」的例子，也讓我親自見識了原本資質普通的社群，如何藉由整體外國語言能力的優勢，讓整體成員的經濟力大幅升級，更讓我因此比較能站在理解的角度，來看待新加坡政府推行的全民英語政策。

5.參與軍售案：語言魔鬼藏在細節裡。

拜美國的高科技公司工作之賜，原本覺得門禁森嚴，不可褻玩的軍事重地，突然變成了每天上班出入的地方，也對於穿軍服、總是擺著一張臭臉的軍人，有了不同的理解。從小到大，我是個「差不多先生」，對於不怎麼重要或是自己覺得不重要的事情，也就投機取巧不大花力氣去理解，總認爲知道個大概就足夠了，但是在這些所謂G2G（政府對政府）的軍售案參與中，看到即使權高望重的長官，對於任何文件當中的任何一個字句，都當作一件嚴肅的大事情來對待，原因是如果在戰場上，即使是非常微小的錯誤，像是一個開關的標示不小心標反了，或是維修指南中一個電路的迴路說明不清，都有可能在緊要關頭成爲人命關天的錯誤，我絕對不可以自己做出「這個不重要」的主觀判斷，或是根據個人的好惡，政治立場的不同，或是反戰、反軍事的態度，而不盡全力做到完美無瑕。

在過去擔任筆譯的時候，我也不曾如此謹慎的反覆推敲，因爲旅遊也好、小說也好，一些錯誤並不會因此釀出人命，但是武器就不同了，如果我尊重生命的話，我就必須重視所有的小細節。

這段期間的外國工作經驗，讓我徹底改掉了不拘小節的個性，也對於美國人常說的「魔鬼總藏匿在細節中（"The devil is in the detail"）」有了深刻地認識。

6. 編寫一本英語教科書教案。

進入NGO領域工作，難免會接觸到教育的計畫。在緬甸我曾經負責過一個很特別的工作，是以緬甸的政府英語教科書爲藍本，編寫一套給教師的教學手冊。

如果以建築物來比喻的話，緬甸的英語教科書可以用「年久失修」來形容。幾十年來沒有更新的版本，內容陳舊不堪，教材的設計也沒有流暢的邏輯，只有死背一途。加上當地的教師，許多都沒有受過正式師範教育，更別說英語教學的訓練，所以英語教育的程度之差，是外人很難想像的。

爲了編寫出一套淺顯易懂、化腐朽爲神奇的教案，我因此有機會跟牛津大學ESL語言研究中心的語言學家共事，跟緬甸當地最好的英語教師一起，創造出一套「就算老師完全不會說英文，也可以把英語教好的教學手冊」，我向專業的人學習怎麼樣完成「不可能的任務」。祕訣是什麼?那就是從使用者的角度出發。如果能夠接受現實的不完美跟重重限制，把自己當成沒有英文程度的老師，來面對我需要使用的教材，一心想著要如何才有可能自信、無間隙的塡補這個缺口。站在這樣親切的立場所設計出來的教材，才是一套以人爲本，眞正可以被人所用的教材。

這樣的工作態度，幫助我日後有勇氣面對自己欠缺專業能力的工作，因爲我知道只要從善意出發，不輕言放棄，對數字一竅不通的人也有可能變成好會計，後來我也向自己證明了，對於農業簡直五穀不分的我，可以建立一個有機農場的專業團隊，藉由農夫彼此共學的形式，共同發展出一套屬於緬甸風格的樸門農法，這可說是親眼看到不懂英文的老師，順利的成爲優秀的英文老師，所帶給我的重大鼓勵。

7.學習善待土地的語言。

一個不懂農業的外國人，要如何帶領一群世世代代以農業爲生的農民，改變長久以來的耕作方式，走出貧困？

「無論我再怎麼努力，我也永遠不會變成農業專家。」這是我在接下這個爲期十年的農業計畫時，擺在眼前的事實。因爲我的專業背景跟農業完全無關，就算我學得再快，也沒有理由讓農人信任、跟隨我。可是既然在這個位置，究竟有什麼是「非做不可」而且「非我莫屬」的？這變成了我腸思枯竭的重點。

經過許多的摸索，我發現在技術上，如果我能夠建立起一個讓當地農人互相共學、並且喚起對於自然栽種記憶的「農夫學校」，讓他們建立起一個應該要有、但是現實中卻不存在的支持系統，同時反映當地農夫的需求，將鄰近國家可以應用的技術跟經驗，甚至特定種類的農作物，消化以後，融合在地的特殊狀況引進，扮演一個橋樑跟把關者的角色，這才是做爲一個不但是外來者、而且還是外行人的我，應該要做好的任務。

在跟各種少數民族共事、溝通的過程中，我不但學習對方的語言，也要學習農業的語言，學習善待土地的共同語言，大部分最複雜的訊息傳遞，靠的不是語言，而是行動，我們拿著樹枝在土地上沙盤推演，用種子跟實際的行動來說明不同的農法、友善土地的農業觀念，我也買了一台筆記型電腦跟數位相機給年輕的農場工頭，教他如何使用最簡單的文書處理，並且鼓勵他每個禮拜用我們兩方都可以理解的英語，用電腦作成完整的栽種紀錄，也可以在前往農場的外國志工離開以後，透過臉書加入好友，用簡單的英語跟無造作的照片，跟外面的世界建立起無可逆轉的連結，雖然對許多外人來說這是份沒有人要做的苦差事，但是對於我自己來說，這或許是我心目中世界上最棒的工作了！

8.水手訓練。

爲了能夠每年花三個月時間航海旅行，在船上工作成了最好的方法，十二年來我也目睹我在海上的工作，隨著我在陸地上NGO工作的經驗逐漸豐富而轉變，其中最讓我覺得滿足的，並不是服務五星級豪華遊輪的富豪們，介紹他們哪裡有好吃好玩的，而是在船艙底層、密不通風的員工部，教水手英語，以及訓練不同國籍的水手，如何跟其他不同文化、不同宗教信仰、不同語言跟思考邏輯的船員增進對彼此的認識而和平相處，避免海上喋血的不幸事件。

比如荷蘭跟菲律賓的水手，就時常會有衝突，因爲荷蘭語的思考是非常直接的，社會也強調簡潔、誠實，因此不但有話直說，而且毫不遮掩對別人負面的評語，所以時常給以拐彎抹角作爲禮貌的菲律賓船員非常傲慢的印象；但是菲律賓人因爲繼承了菲律賓社會非常迂迴的表達方式，所以對於不滿也不會直接表達或是正面衝突，而是總會伺機在工作或私下場合背後捅上一刀作爲報復，有時候甚至會隱忍好幾個月，不少荷蘭籍水手因此對於菲律賓人「莫名其妙」的挑釁非常反感，酒過三巡後往往衝突會升高到一發不可收拾的地步，作爲一個協調者跟英語訓練師，我同時辦起「文化翻譯」的角色，比如解釋菲律賓的複雜的社交禮儀規矩，「兄弟彼此照顧」的原則讓荷蘭水手明白，比如說當船上福利社的店員是菲律賓人時，模擬去買礦泉水時的情境：

「大瓶礦泉水怎麼賣？」荷蘭水手。

「兩罐三塊美金、四罐五塊。」菲律賓店員。

「那我買四罐。」荷蘭水手遞上十元鈔票，菲律賓店員找六塊給荷蘭水手。

我開始介入說明：「這時候，菲律賓店員可能會多找一塊錢給你，你該怎麼辦？」

「問清楚不是四罐五塊嗎？爲什麼找錯錢？」有人說。

「那就收起來，因爲可能是特價，或他想算我便宜。」也有人說。

「錯了！」我說，「這時候唯一對的做法是默默將一塊錢美金放在櫃台的小費桶裡，不要問問題，也不可以放進自己口袋。」

「爲什麼？」荷蘭船員都無法理解。

「因爲他多找你一塊錢，算你便宜，是他對你表示友善的小動作，而你禮尙往來把這一塊錢給他當做小費，是讓他合理多賺一塊錢的方法。這樣的交易過程才算完整，因爲在菲律賓做兄弟就是要『你罩我、我也罩你』。這多出來的一塊錢，一開始是你拿來買水的，後來變公司的，但是他又給了你當作人情，你還要再給他，這樣才會眞正變成他個人可以理直氣壯放進口袋的一塊錢小費。如果開口問他爲什麼多找錢，這是不上道，沒把他當朋友，不知道接受他這份人情；若你不把一塊錢給他，就是佔便宜，雖然給來給去多了點麻煩，但是這心照不宣的過程，讓你們因此成了朋友，他也可以在不失尊嚴、也不違反公司規定的情況下，多賺一塊錢。」

這麼簡單的道理，爲什麼很多人搞不懂呢？（笑）

連自己都大吃一驚的語言恩惠

- 筆譯 → 隨時可以把工作帶著走。
- 中英文口譯 → 增加國外人脈機會。
- 英日文口譯 → 練膽量。
- 語言優勢 → 什麼都賣得出去！
- 參與單售案 → 語言魔鬼藏在細節裡。
- 編寫一本英語教科書教案。
- 學習善待土地的語言。
- 水手訓練。
- 世界銀行監督工作。

9.世界銀行監督工作。

自從二〇一二年秋天緬甸開始改革開放，走向民主國家之路，國際的經濟制裁解除以後，公民社會如何因應，就成了「糧食安全（food security）」更加急迫的議題，相對之下已經運作上軌道的農場計畫，就變得不是那麼緊急了，於是我轉而擔任美國華盛頓特區國際金融組織的專門監察機構BIC（銀行信息中心）的緬甸聯絡人，協助訓練、整合緬甸國內外的公民組織，包括各級NGO組織，少數民族，武裝部隊，流亡團體等，有效監督世界銀行（The World Bank Group）、亞洲開發銀行（ADB）及世界貨幣組織（IMF）在缺席二十多年後重回改革中的緬甸，所有的貸款及發展計畫都能符合財務正義、環境正義，以及其他評量標準，爲未來其他各項金融投資進入緬甸投資鋪路。

這份工作意味著我必須因此更加深入更多的少數民族自治區，以及難以到達的偏遠山區或離島，才能協助最需要協助跟獲得資訊的當地極弱勢族群，也因此需要學習更多的語言。

一直到今天，我還深深覺得自己是一個受到語言恩惠很大的人，也非常感激，因爲它讓**我在沒有別的專長時，可以不限制只能做法定最低薪資的勞力工作。**

第7件事

出國後的我，會跟出國前不一樣嗎？

- [ ] Q.1 先去印度一趟
- [ ] Q.2 何時真正看懂世界？
- [ ] Q.3 改變偏見
- [ ] Q.4 無論世界如何改變
- [ ] Q.5 人情味不會被世界眼光同化
- [ ] Q.6 寶萊塢之外還看到什麼？
- [ ] Q.7 我再也不是觀光客！
- [ ] Q.8 培養世界觀第一步
- [ ] Q.9 每個細胞都在跳舞
- [ ] Q.10 請自己去發現細節
- [ ] Q.11 外在環境刺激自己
- [ ] Q.12 全力以赴的精神
- [ ] Q.13 把自己和世界變得更好

Q01 先去印度一趟

我有幾個非常武斷，但是相當準確的識人術。斷定一個住在亞洲的西方人是不是眞的懂得欣賞東方之美，不是看他家收集的字畫、古董家具，而是看他吃不吃豆腐。

觀察一個住在歐洲的亞洲人是否融入西方價值觀，不是看他的穿著談吐或學位，最準確的是看他身邊好朋友中有沒有黑人。

至於一個人的世界觀到底是寬容還是狹隘的，深入還是膚淺的，我通常不會談對於美國或是以色列的看法，而是問這個人**如何解讀印度**。

出國的時機到了嗎？先到印度去一趟吧！

如果我現在問你對於印度的看法，你會說什麼？

泰姬瑪哈陵很壯觀，寶萊塢電影很誇張，到處扒手都很多，騙子也不少，吃東西很容易拉肚子，火車常常誤點，到哪裡人都超多，人跟街道、房子到處都很髒，夏天公共場所體味很重，伸手要錢的貪官污吏，信仰佛教的人或許能夠說出達賴喇嘛所在的達蘭薩拉，嚮往國際志工的學生會說德蕾莎修女的垂死之家。此外還有什麼？

這些各式各樣的評語，無論是去過的，還是沒去過的，大概都會這麼說。

當然，隨著偶爾電視上出現印度的新聞，也有人會聯想到公車上的強暴案，能夠具體講清楚塔塔集團，英語客服電話中心外包制度的人，恐怕已經沒有幾個了。

所以出過國跟沒出過國，去過印度跟沒去過印度，眞的有差嗎？

之所以選擇印度，因爲它幾乎不會是亞洲人出國的第一首選，沒有人是「非去印度不可」的。但是選擇去印度的人，我總喜歡從跟他們聊天，看著他們拍攝的相片當中，知道印度有沒有改變他。

會被印度改變的人，通常是「出國」這件事能對他的人生帶來省思、啓示的人。但是如果去了印度回來，只能講些吃路邊攤拉肚子、搭火車遇到騙子之類的倒楣事，並且立誓這輩子一定再也不要去印度，我只能說，他還沒有找到自己跟世界的關係。這樣的人出國，回來之後跟去之前其實是不會有太大的區別的。

如果想知道自己是不是已經準備好經歷世界的洗禮，那麼先去一趟印度吧！如果你覺得生命當中有些什麼被印度改變了，就算無法具體說清楚那是什麼，但是確知改變已經醞釀在身體內部，那麼從此「出國」就會對你的生命起加分的作用。如果誠實檢視的結果，確實在印度只有一些「體驗」，卻沒有「想法」，那麼出國長住一段時間的時機可能還沒有成熟，不妨再等等，多累積一些生命體驗，直到有一天午夜夢迴，**忽然發現自己生命當中一些深邃的經驗，和當年的印度之行產生了連結，或許才是值得出國一段時間的良好時機**。

Q02 何時真正看懂世界？

印度到底是一個什麼樣的國家？為什麼我會相信一個人如果對於印度，一旦從單純的「體驗」變成一種「想法」以後，就是準備好迎接世界洗禮的時候？印度改變我的又是什麼？

我的答案可能讓很多人跌破眼鏡，**我第一次覺得自己真的懂得看世界**，是由衷讚嘆孟買收送中午便當的職人開始的。

曾在台灣的夏可喜畫廊擔任總監，主修印度和西方的藝術史的資深藝廊經營者Geetha Mehra女士，在接受訪問的時候說，從她長期的國際經驗中，她感受到印度在文化、社會和複雜度都遠比其他地方大；不像華人世界，有一個統一的文化和價值觀，而印度在藝術風貌有其他地方沒有的文化複雜度。

她舉的例子，就是Valay Shende的立體作品，作品取名爲《無題》，卻有個明確的別名叫做「管理達人」，是一個人牽著一台後座掛滿胃的腳踏車，而那個人則是由無數個小時鐘所構成的。

這個作品對於不熟悉印度生活的人來說，果然是「無題」，抽象無比，但對於在孟買待過的人，卻具象得很，因爲印度孟買有大約五千名挑夫，專門爲上班族及工廠作業員運送他們家人現做的熱騰騰飯盒，這樣的人在孟買街頭很常見，他們的工作就是在中午之前從各個家中太太們的手上收集熱騰騰的便當，然後在午餐時間準時把飯盒送到外出工作的丈夫們手中。

這項傳統工作可追溯到一八九〇年，當時是爲了在孟買工作的英國人及善於經商的波斯人的需求，應運而生。他們每天在大孟買地區的大街小巷、快遞運送二十萬個熱便當。雖然目前他們面對西方速食業的激烈競爭，但由於他們標榜「快速、準確、絕不誤點」，平均每六百萬次運送中只有一次錯誤，因此這一行業即使在網路時代也依舊鼎盛不衰。

對從事這行的人被稱爲dabbawallah（達巴瓦拉），在馬拉地語中，達巴瓦拉意爲「運送盒子的人。」「達巴」通常是圓桶狀的錫或者鋁製盒子，「瓦拉」則是詞尾，指對前面的詞操作的人。「達巴瓦拉」在中文中最接近的意思就是「運送午飯飯盒的人」，儘管這個行

體驗

↓

想法

↓

接受世界的洗禮

業看似簡單，卻是孟買高度專業的服務，更是這個城市文化的一部分。時效性對達巴瓦拉是非常重要的，所以這樣的作品取名為「管理達人」，再貼切不過，藝術家用象徵的手法來創作，滿身的時鐘代表他的分秒必爭，再用飢餓的胃取代便當盒；這樣作品孟買的觀眾在看了之後，可以立刻體會其中的趣味，但不熟悉這個社會背景的觀眾就必須透過解說才能瞭解。這種無題跟別名之間的邏輯，即使在天馬行空的藝術領域，印度藝術家也展現了只有印度人才想得出來的深刻思維。

Q03 改變偏見

「達巴瓦拉」的概念始於英屬印度時期。許多來到殖民地的英國人跟波斯人不喜歡本地食物，Mahadeo Havaji Bachche在一八九〇年僱用一百個人開始將午餐從他們的家中直接送至工作地點。一九三〇年，非正式的「達巴瓦拉」系統形成，一九五六年通過註冊為正式的慈善信託，叫做「努壇孟買午餐飯盒供應者信託」（Nutan Mumbai Tiffin Box Suppliers Trust）。這個信託的商業部門在一九六八年以「孟買午餐飯盒運送者聯合會」（Mumbai Tiffin Box Carriers Association），演變成今天的「達巴瓦拉基金會」（Dabbawala

Foundation），總共有五千名成員，其中百分之八十五的人不識字，就算識字的頂多也只有國中程度，收入很低，但是卻是從哈佛到劍橋頂尖MBA案例研究的對象，更是從微軟到可口可樂這些國際跨國公司請益管理技巧的老師。

回顧這個行業應運而生的歷史，說穿了就是因爲外國人對印度的討厭，但是印度人不但不覺得冒犯，甚至輕鬆一轉，就將這個外國小眾對自己的偏見，搖身一變成了印度本地大眾最喜歡的事，甚至產業化，除非極端聰明的人是想不到的。

孟買每平方公里有兩萬人口，是印度人口最密集的城市，從早到晚道路和郊區鐵路上人流有如洪水。因此，一般人早上都要花兩三個小時才能到達工作地點，傍晚也要塞很久的車才能回到家，中午自然不可能回家吃飯，但是這五千個達巴瓦拉，使用多種交通工具，複雜的交換、接力運送，穿梭在這個城市複雜的關係及階層中。

早上八點半開始負責收集飯盒的達巴瓦拉，分成多個小組，每個小組二十五到三十人，上午九點騎自行車、板車，甚至把便當放在長木板上用頭頂著，挨家挨戶「收件」，每個人收四十個，然後送到該區指定的集中點，在那裡和其他負責收集飯盒的達巴瓦拉將飯盒按照目的地分組，分好後被送上火車，每個車站都有一個「本地達巴瓦拉」在等飯盒，由他們負責最晚在十二點半以前送到各個客戶手中，確保飯盒到手的時候還是熱的，到了一點鐘他們才有時間吃自己從家裡帶來的飯盒，匆匆用餐後，一點十五分又要開始收集跟回送空飯盒，就是剛好反過來的流程，在下午兩點半，職員肚子裡的食物還沒有消化前，飯盒已經又送回到家人手上。更神奇的是，這每天二十萬個轉手無數次的飯盒，既沒有寫名字也沒有地址，頂多就是綁個小布條或用顏色做記號，因為達巴瓦拉大多不識字，寫了也沒用，竟然只有**六百萬分之一的出錯率**，連超級電腦也要自嘆不如，混亂貧窮的印度表面下，隱藏著一個無比聰明的國度。

Q04 無論世界如何改變

現代都市上班族每天面對吃午飯這件事，就像汽車加油般，為了不要肚子餓的機械化行為，即使花大錢吃大餐，也稱不上享受，因為延誤下午工作的代價，比這頓飯的成本更高，所以才會有便利商店「握便當」的產生，讓忙碌的現代人甚至只需要用一手吃飯，另一手還能用來上網、工作、打電話，但是在比台北城市化更高的印度孟買，午餐的飯盒仍然是每個上班族一天的大事，吃飯盒也可以說是整個辦公室社交的中心——更何況沒有任何外食可以取代家庭美食，所以從金融界精英、科技新貴的高層白領到一般的店員、祕書、學生，午餐時間都絕少外食，而是在辦公室裡吃祖母、母親或妻子準備的飯盒。

風雨無阻代送飯盒的收費其實相當低廉，在電話跟手機不如現在那麼普遍之前，家人還可以順便在飯盒裡面留紙條傳送信息，但是要成爲打著赤腳、頂著烈日的達巴瓦拉的客戶，卻不是有錢就可以的，門檻之一就是做飯盒的人家早上不能遲到，遲到太多次的家庭就會從此被拒絕，這個制度讓沒有受教育的達巴瓦拉，感到他們有拒絕有錢人的權利，也因爲每天接觸同樣的客戶，建立起關係，感受到自己被重視，做的不僅是一份賺錢的工作，而是傳達家人的愛，因此雖然一個月的薪水大約只有新台幣兩千五百到三千元之間，卻可以在完全沒有系統文件的情形下，建立起現代經理人都羨慕的團隊合作及時間管理系統。

這個相當於勞動合作社的組織，每個達巴瓦拉都是基金會的小股東，每年年終會分到一小筆分紅，偶爾也會從顧客那裡得到一些小費，不過收入即使在印度當地都還是算相當低的。雖然如此，流動率卻不高，很多人從年輕開始從事這份工作，到現在已經八十多歲了，還在繼續送便當。

儘管表面上是低科技的行業，但是達巴瓦拉不但沒在怕被科技取代，甚至擁抱科技，外國觀光客沒有看到的是，現在客戶可以用傳簡訊來預定，網站上也有線上投票幫達巴瓦拉評分，有客訴也可以在最短的時間內得到回應，如果某一組累積客訴達二十五次，就會將整組開除。

最妙的是，他們從來沒有提出申請，但是ISO9001品質管理系統卻主動頒發證書給他們，讓達巴瓦拉一頭霧水，因爲他們根本不曉得ISO9001是什麼東西。

我因此深深體悟，印度，是一個無論世界如何改變，都會很快找到出口的國家。

Q05 人情味不會被世界眼光同化

達巴瓦拉在英語中有時也會被稱爲「Tiffin Wallahs」，Tiffin這個字是已經在現代英語中消失的古語，指的就是裝午餐的飯盒，但是在英國社會中，隨著現代化的腳步，自家做的飯盒消失了，這個字也就自然而然被字典遺忘，但是只有在印度，Tiffin這個字卻仍然好好活在日常生活中，像這樣的例子還有很多，包括一些古典的英國運動項目，馬球、搥球等，在英國生活中幾乎消失的活動，也繼續旺盛地在印度社會中欣欣向榮，毫不在乎世界的眼光，這本身就是極爲特別的事。

多年來我在世界各地工作、旅行，看到居住在海外的印度人，無論移民多少代，在世界的任何角落生活，都不會摒棄傳統服飾，食物，宗教，生活方式，還有思考邏輯，在柔軟的身段背後，似乎居住著**非常頑強的靈魂，不會輕易隨波逐流**。

記得幾年前英國查爾斯王子與女友卡蜜拉結婚時，或許是基於對戴安娜王妃的喜愛，國際上大多抱著冷淡甚至看笑話的態度，但是有一個小小的花邊新聞，當時卻引起我的注意，那就是這對新人收到來自世界各地的結婚禮物中，有一件是來自印度孟買這群達巴瓦拉集資送的印度傳統男性頭巾及女性傳統服飾。

緣起據說是他們結婚的前兩年，也就是二〇〇六年，這對飽受爭議的皇室戀人訪問印度前，因為曾在電視上看過英國廣播公司BBC製作的達巴瓦拉紀錄片，所以到了孟買時，特別要求會見這一群白衣白帽的挑夫，因為達巴瓦拉的工作時間非常嚴格，沒有任何彈性，所以貴如王子也不得不遷就他們的時間表，他們的代表對查爾斯王子說：

「你是未來的英國國王，可是眼前我們的客戶才是國王。」

見到面後，王子親切地與他們交談，瞭解他們工作的甘苦，這輩子第一次受到這樣的待遇讓這群社會底層的苦力銘感在心，因此從報紙上得知結婚的消息，就集資根據當地傳統，贈送新娘九呎長、由金銀絲線織成的沙麗及綠色手鐲，表達他們衷心的祝福，每個人平均要出新台幣一千九百元，對他們來說，是將近一個月的薪水，絕對是一項不輕的負擔，但因為王子夫婦捨棄會晤高層知名人士，選擇會見他們這群賤民，讓他們毫不猶豫做出這個決定。

這種人情味，似乎不屬於這個時代的產物。

Q06 寶萊塢之外還看到什麼？

跟巴西的嘉年華一樣，印度電影也用大型華服歌舞的方式來包裝嚴肅的社會跟政治的議題。印度電影每年產量超過一千部，自從一九一〇年左右，印度就已經成為了世界上最大的電影生產國。一九二〇年代，印度的電影觀眾數量已經比世界上其他地區的觀眾數量總和還要多。票價十分便宜，因此是主要的全民娛樂，每日平均都有兩千萬以上的觀眾走進電影院看電影，如果一個印度人說：

「我這輩子看的電影比你吃的飯還要多。」

請你千萬不要反駁，因為他說的很有可能是眞的。

這麼多的電影，許多在外人看來是粗糙俚俗的外表下，卻是一扇扇珍貴的窗口，反映著印度人眞實的思想，社會問題，政治文化，還有他們看待從網路到外包代工，世界洪流的角度。

每年除了二十至三十部寶萊塢大片外，其他每年一千多部基本上都只有美金一百萬～一百五十萬美元之間的製作成本，其中更有百分之二十的影片成本低於一百萬美元。每年所有印度電影的成本，統統加起來大概只夠美國拍兩部好萊塢大片，但無論成本多小，或是電影的主題是什麼，基本上都可以進入商業體系在電影院被播映，也因此形成一個小成本電影的天堂，一千部電影，就是一千個印度族群和生活方式的印記，鼓勵著文化的多樣性，一千種想像的可能性，一千個社會思考。有印度學者說，印度人為什麼會去看那麼多電影的原因，因為電影院創造了一個民主的空間，反映著印度人的思想與政治文化，這是他們的一種政治參與。

另外一個擁有哈佛大學MBA學位的朋友，改變他生命的印度經驗，來自於他在工作上遇到瓶頸，回到母校找尋昔日的老師幫助的時候，發現他哈佛商管學院的老師，竟然跟賓州大學的華頓商學院聯手出版了專門研究印度式管理經驗的「The India Way」（印度流），開始決心抽絲剝繭去看懂看似一團混亂，實則細密得讓人驚嘆的印度管理法則，尤其是當他發現全世界最大的家庭來自印度Chana先生「管理」一個將近兩百人的三代同堂家庭，所有家人（包括三十九名妻子）竟然可以在一棟四層樓的透天厝下同居共食、和諧相處，作為一個管理顧問專家，我這朋友發現真正的管理達人，原來不在美國，在印度。

我終於明白，色彩繽紛而混亂的印度是一個叫做《無題》的集體藝術創作，但是分成一千塊拼圖之後，每一個小片卻各自有一個明確的別名。

因為印度，是地球上最精彩的一萬片拼圖，只有高手才能玩。

Q07 我再也不是觀光客！

當一個國際人的條件，不見得一定要出國。但對於像我這樣慧根淺薄的人，出國卻可以幫助我比較容易學習看待世界寬廣的角度。

出國看這個世界的方式很多，藉由不同的方式會看到的世界往往也會有很大的區別，比如同樣去日本，作爲一個觀光團的團員，一個上班族，跟一個留學生，還有一個打工度假的年輕人，恐怕就會看到四種完全不同的日本。

打工度假有一種好處，是留學生出國念書，或背包客所體驗不到的，也是提醒我們，**在這個世界上不管到什麼地方，其實我們並不是遊客，而是居民**。

當我們有機會到一個地方去深入生活，像一個本地人那樣在異國工作，娛樂，吃飯，睡覺，從家鄉離開，換一個地方去過日常生活，不再用「參觀」的心態來看待一個地方，而是能夠開始看到在地人之所以對那地方眷戀的理由，**我們就再也不是觀光客了**。

不管到什麼地方，都能從住民的角度來看一座城市、一個國家，甚至整個世界，所得到的結果叫做「世界觀」。如果出國能夠學習擁有世界觀，大概是出國最大的好處，至於語言能力、護照上的輝煌戳章印記、可以拿來在親友面前炫耀一輩子的故事，都是枝微末節而已。

二〇一一年夏天，我在曼谷捷運的車廂電視上，看到新聞報導播出泰國選出二十一歲的黃婷婷爲「Miss Thailand Chinese」優勝代表，參賽者都是泰國華裔或居住泰國的華人，她將代表泰國跟東南亞參加環球小姐選拔。

奪后冠的佳麗卻不大會說泰文有沒有關係？我左顧右盼，下班時間擁擠的捷運上，身邊沒有任何泰國人對這則新聞有任何反映。

當一個社會可以大方選出不會說當地語言的國家代表，這意味著什麼？

泰國小姐不會說泰語，只會說中文，從說中文的人看來，一點問題也沒有，「很棒啊！」甚至會這麼說。但是如果今天中華小姐只會說泰語，我相信台灣社會將有很大的反彈，質疑她沒有「代表性」。

代表性是什麼？我們打開報紙，新聞中看到荷蘭王子迎娶阿根廷女子爲妻的消息，不會覺得有甚麼大不了，這位荷蘭公主Maxima剛嫁到荷蘭皇室時，只會說西班牙語跟英語，努力學習荷蘭語的同時，這個國家也很快就接受她了，表面上Maxima公主沒有代表性，但是她的存在，正是一個荷蘭成熟多元社會的最佳代言人。

你可以接受嗎？

- ☑ 住在泰國的華人，不會說泰文，但要代表泰國選世界小姐？
- ☑ 荷蘭王子娶阿根廷女生為妻？
- ☑ 搖滾歌手成為海地總統？
- ☑ 諧星競選市長？
- ☑ 台灣出現東南亞新移民的越南立委？

我們當然可以說，台灣歌手張洪量的妻子是立陶宛籍的體操選手傑卡特琳娜（Jekaterina），也沒有什麼讓人難以接受的地方，所以台灣社會其實也很多元。有趣的是，自從張洪量的已婚消息披露後，我可一次也沒有聽台灣人質疑金髮灰眼的傑卡特琳娜不會說中文，就像不會有人批評暑假回台灣探親的ABC不會說中文那樣，表面上台灣很多元、很包容，但是今天場景換到台灣家庭裡一個來自東南亞的外籍配偶，不會說普通話，台語、客語，就會變成全家族甚至整個社區頭疼的「問題」。

既然是一個問題，自然就要「解決」。

我不懂的是，這個解決的標準在哪裡？

二〇一一年四月當選時年五十歲、暱稱「甜蜜米奇」（Sweet Micky）的光頭歌手馬德利（Michel Martelly），過去靠著在舞台上脫褲穿尿布與嘲諷時政打響名號，但以壓倒性票數擊敗對手前第一夫人馬妮嘉贏得勝選，成爲海地的新總統，海地人民關心的不是馬德利以前穿裙子搞笑的照片外流有損國格，也不是他的美國籍身分，而是他有沒有能力面對遭逢強震侵襲的海地，未來將面對的挑戰。

我想像今天的台灣選美界，或許可以選得出一個只會說英語跟一點台語的ABC，但台灣有沒有可能選出一個只說越語跟幾句中文的越南小姐作爲中華小姐？就像我朋友說的：

「哪等得到決賽……應該第一關就被淘汰了吧？」

Q08 培養世界觀第一步

德國副總理自民黨的菲利普羅斯勒（Philipp Röesler），是從小被德國夫妻領養的越南人。在高齡化的日本，也已經有美國白人選上日本農村村長的例子。

42歲的日本民主黨參議員蓮舫，出任日本內閣消費與少子化大臣，成爲首位台裔的日本大臣。相熟的台灣立法委員李鴻鈞對媒體說：「蓮舫因爲是台灣子女，國語說得很流利，對台灣有份情感在，每次立法院台日立委聯誼會訪日，都會抽空見面，蓮舫也多次來台灣，心裡情感是站在我們這邊的。」我們聽了都覺得很光榮，但是如果今天台灣當眞選出一個越南裔立委，傳來越南的國會議員對當地媒體說，這個在台灣的越南立委「心裡情感是站在我們越南這邊的。」我們能跟越南人一起與有榮焉，還是立刻會有人在政論節目上高聲疾呼「不愛呆丸（台語）、滾回越南？」

一個資格不符合的美國人或美籍華裔的ABC，在台灣出馬選縣市議員或立法委員，很可能會被社會破格接受，但是一個從小被台灣人收養的海地黑人孤兒，或母語是泰語或柬埔寨語的東南亞新移民，早就擁有台灣籍也一切符合資格，無論能力多強，就算選個里長，恐怕也沒有一丁點勝算。

很多人誤以爲選美是選佳麗，選舉是選賢與能，其實跟選朋友或選伴侶一樣，我們選的是自己內心的美醜。就像一面鏡子，我們選出什麼樣的人，就反映我們的心是什麼樣子。

如果你是中姐評審，決賽上最後兩名才藝雙全的佳麗，一個台灣國語，一個滿口ABC，你會選哪一個？

總統候選人，可不可以是紅遍中南部歌舞秀場的反串諧星？

一個社會要有怎樣的氣量，才可以選出一個會說當地語言的選美皇后，或一個外國籍的搞笑歌手當總統？

找到「我」跟「世界」的關係，不是對或錯的問題，而是培養世界觀的第一步。

Q09 每個細胞都在跳舞

我認識一個朋友叫做施盈竹。她很特別，但這不是我想要強調的。

一個生平第一次隻身到遙遠的埃及開羅，就直接到當地草根NGO工作接受洗禮的台灣年輕女性，頭幾個月難過得要死的原因，並不是因爲必須每天跟受到當地伊斯蘭教社會嚴重歧視的性工作者一起，而是因爲不能馬上如願去更辛苦的貧民窟工作。這樣的人，當然不是普通人。

後來機緣巧合，到了一所鄉下學校去演講，發現受到調皮的學生愛戴的年輕女老師，名字跟施盈竹只差一個字，竟然就是施盈竹的妹妹。

認識這對姐妹，讓我不禁好奇想知道，她們的父母究竟是怎樣的人。從施盈竹書中寫的一些蛛絲馬跡，發現果然她們的父親也是這種整天往外跑幫助別人、當志工的人。我們當然也可以說，是這樣特別的家庭教育，教養這樣特別的孩子。

但眞正讓我開始思考的是，如果這家可以每個人都很特別，爲什麼會有些家庭卻每個人都不特別？父母都只關心自己的事業，提醒子女顧好自己，提防外人，寧可自私也不要多管閒事，把個人的價値都換算成爲有形的工作職位、薪水、金錢來計算，那麼這樣的家庭，就不太可能會塑造出像施盈竹這樣的年輕人。

這個社會，只有當我們有一萬個施盈竹，十萬個施盈竹，一百萬個施盈竹的時候，才有可能會進步。

因爲他們相信**旅行的經驗，可以擴大舒適圈**。

因爲他們相信**善的力量，可以改變世界**。

因爲他們**相信陌生人，可以變成朋友**。

因爲他們沒有抱著先入爲主的想法，所以當自己被不公平對待時，並不覺得表示自己被歧視，反而可以若無其事跟其他被不公平對待的人平起平坐，無論是印尼受到南亞海嘯以致家破人亡的災民，受到僞善的埃及社會鄙視的性工作者，茉莉花革命前後受到侵害的女性運動者，還是開羅郊區貧民窟來自上埃及鄉間的社會底層，他們都會看到一個明明自己被不公平對待，卻可以理直氣壯幫助別人的人，這就是一種微小但是明確的「善」的力量，不論放在世界的任何一個角落，都會像柔和卻固執的桂花般綻放。

認識施盈竹時，她剛結束在印尼的社區計畫工作，我毫不猶豫的就答應願意掛名推薦，幫助她能夠爭取去埃及草根NGO的工作機會。並不是因爲施盈竹特別聰明、資歷特別動人，或是能言善道，而是她對世界抱持通體開放的態度，彷彿她全身的每一個細胞都是可以讓世界歡欣鼓舞地穿透過去，這跟我所認識的其他亞洲年輕人，包括過去的我自己在內，讓社會、家庭、自己將自己五花大綁，重重限制，有莫大的區別，當然，當我們接觸越來越多，我也明白知道，施盈竹的舒適圈，並非與生俱來，而是在一次又一次志工旅行的練習當中擴大的。

我眞正想說的是，夢想或許是天生的，但**實現夢想的技巧，是需要反覆練習的。練習越勤快，舒適圈就越大，不能做、不敢做的事情也就越少，得夢想失憶症的機率也就越小。**

我不希望施盈竹被塑造成一個很特別的人物，並不是因爲她不特別，而是因爲我們逐漸共同走向低智商的社會，需要更多施盈竹。

謝謝施盈竹讓我看到這一代華裔年輕人的可能性。

可以的話，請給我們一百萬個施盈竹。

Q10 請自己去發現細節

「曾經去過九州的大分機場嗎？」

我每次這麼一問，如果對方還需要想一想的話，肯定沒去過，因爲只要去過的，都會不假思索眼睛一亮的說：

「有！有！有！」

一個鄉下地方不起眼的日本機場，爲什麼在那麼多那麼新的國際機場當中，會讓旅行者印象如此深刻？祕密在於：行李轉盤。

除了廁所之外，提領行李的地方，通常是搭飛機到了一個新的目的地後，最先會接觸的地方，但是無論是廁所或是行李轉盤，大概都不會留下什麼深刻的印象——除非你上的廁所是荷蘭阿姆斯特丹，或是領行李的機場是大分。

阿姆斯特丹的廁所先賣個關子，因爲我要說的是大分機場的行李轉盤。

當飛機抵達大分機場，旅客們面無表情、百無聊賴的等著行李從輸送帶出現的時候，大家引頸盼望終於出現的第一個行李，竟然不是行李箱，而是一盤幾可亂眞的巨無霸握壽司，這時候，無論再怎麼嚴肅的人，都要忍不住「噗哧」一聲笑出來。

行李輸送帶變身巨大的迴轉壽司。這究竟是怎麼一回事？

原來，由大分縣觀光機構主導的這個「大分海鮮PR企劃」，爲了推廣九州大分縣的海產和觀光，特別結合了大分機場航廈、全日空ANA和日航JAL，所構想出來的創意點子。

大分機場不是一個交通樞紐，但是有性格開朗的漁民跟新鮮的海鮮，爲了讓觀光客一落地就能感受到大分海鮮的盛名跟愉快的民風，特別選定接送旅客門戶的大分機場國內線行李台，在上面置放巨大的大明蝦握壽司模型。每個握壽司高三十公分、寬七十公分、重達二十五公斤，相當於五百個實體握壽司的總重量，一盤兩個就是五十公斤，逼眞的造型不僅讓視覺充滿震撼，只要一看見巨大的握壽司，沒有人還能板著一張臉。

機場行李台的輸送帶長得很像迴轉壽司的輸送檯，但是在此之前卻從來沒有人想過用來發揮創意。躺在行李輸送帶上的握壽司，除了姫島村的大明蝦外，有時是佐伯市蒲江的海膽。佐伯市的豐後水道漁場位於黑潮暖流與瀨戶內海的寒流交會處，海膽和其他漁獲都非常豐富而且美味，在日本各地享負盛名。

姬島村的明蝦，則是利用過去的廢棄鹽田作爲養殖場，最近發展出來的新名產，無論明蝦或是海膽，都是大分縣「一村一品」運動的代表特產。

同樣的宣傳手法，最近也推展到了盛產牛肉的宮崎縣，年輕的模型師匠加納慶，花了一整個月的時間，才做出這道直徑七十公分的大盤子上擺放四十公分高栩栩如生的生牛肉。夏天的時候，還會「換菜」，替換成宮崎另外兩項農產品：芒果跟青椒。

很多觀光推展單位都沒想到，旅行其實從到達機場落地的那一刹那就開始了，不能重來的第一印象是多麼重要，所以無論是馬來西亞吉隆坡機場的熱帶雨林，還是瑞士蘇黎世機場航廈連結車上的乳牛叫聲，都是著重在這些細微的地方下功夫，至於阿姆斯特丹的廁所究竟有什麼？就要等你自己去發現了。

Q11 外在環境刺激自己

留在家鄉難道就不能達成夢想，非得出國不可嗎？當然不見得。請允許我說一個關於台北在地的故事。

「賣不完的都賣給我吧！」當我知道在一個環保團體工作的朋友要幫忙到假日市集擺攤，幫忙賣手工餅乾的時候，我毫不猶豫地說。

隔天我拿到了九包茶餅，當天準備的十包只賣出了一包，當我準備掏錢的時候，朋友卻搖搖手，堅持說他自己掏腰包買來送給我。

捧著滿懷的餅乾，心裡覺得好溫暖。湊近鼻尖一聞，美好的台灣茶香撲鼻，肯定好味。

「整片茶葉揉製成的茶餅乾……肯定超有梗。」我半開玩笑說。說這些餅乾有梗，其實是真的。

中華鳥會位在坪林的棲地復育暨環教中心（簡稱「坪林里山中心」），就是受到日本「里山復育」的概念感動，決定也在台北近郊實踐，跟坪林的茶農合作，協助轉作有機，讓茶園成爲復育台灣藍鵲的場地。在日本保育界提倡的「里山倡議」，指的是聚落的人與生態系互相影響的自然結果，基於這樣的精神，因此有了以日本兵庫縣豐岡市超過半世紀「東方白鸛農法」保護水田這樣的美好農法，經過轉化，在台灣化成坪林茶農跟鳥會發展的「藍鵲農學」。

台灣藍鵲是台灣特有種，也是坪林地區具指標性物種，透過「棲地圈護」與「深耕在地」的結合，將佔地只有小小兩百五十坪的社區茶園轉型爲無毒耕種，在不擴張現有茶園面積爲原則之下，打造一個親近自然的農業空間，以台灣藍鵲來守護茶園，所以這些茶就取名叫做「台灣藍鵲茶」。不僅台灣藍鵲、大冠鷲、斯文豪氏赤蛙、翡翠樹蛙等生物在此棲息，中華鳥會坪林棲地暨環境教育中心也不斷宣講保育與生產、生活的重要性，透過活動讓城市人也能體會採茶、製茶的樂趣。

雖然因爲轉作時間還很短，還不能符合有機認證的申請，茶園面積小，產量也很少，這些親手摘採的少量有機茶葉，除了做茶外，一部分就整片有機茶葉被親手揉進麵糰裡，做成少量的手工茶葉餅乾，在假日市集義賣，雖然現在才剛起步，但是未來的夢想是有一天也能將孕育台灣生態的台灣藍鵲茶推廣到日本賣場。

作爲一個喜歡親近土地的人，看到台灣有越來越多實踐案例，這種講究用各種方式將文化、生產融入社區保育之中，尋求人與自然和平共存的新道路，爲生態、生產與生活開創出新格局，是件無比開心的事。

我曾經在媒體中讀過中華鳥會理事長程建中的訪問，他說想透過一系列的里山復育試驗，將台灣淺山地區的保育踏入另一個領域，除了過去重視的鳥類棲地復育，更要將社區生產的概念與生態鏈結合，打造「台灣式的里山」，進而發展兼顧生態的藍鵲茶農學與經濟規模。

但我更加好奇的是，是什麼樣的茶農，**才能夠這麼勇敢擁抱改變**？從我自己多年在緬甸的有機農業經驗，很難想像台灣的茶農，有誰願意忍受如此漫長、孤獨的轉作過程。

後來我才知道，這片轉作的茶園屬於人稱「林董」的返鄉青年林道賢，他是坪林在地人，家族八代種茶，傳承著兩百多年的種茶技術。林董才五歲時，家裡就因要吃飯的人太多，爲了經濟因素搬遷到永和成爲了鄉村移民。但時候到了，林董一心還是念著要回去照顧祖先留在坪林的農地，他對自己承諾只要坪林還有種茶，就一定要回來。

就在三十五歲那年，他帶著老婆、小孩、母親，從人口密集度高達全世界人口密度第二的永和市，回到全村不到七千人的山林聚落坪林，而且就住進了百年的祖厝裡。

回鄉後的林董，沿襲祖先的種茶技術，加上化肥與農藥的「加持」，他的茶葉收成很快，超越當年祖父輩們的單位面積產量與品質，而且更香、更好喝。

但幾年前發生的一場小意外，卻讓他重新思考整個種茶的模式，原因是某天林董如常在茶園裡噴灑農藥，不小心濺到了自己的小腿，不消幾小時，腿上便已紅腫不堪，休養好幾天才逐漸好轉。

「這樣的茶眞的能夠喝嗎？」林董看著自己紅腫的腿，心裡興起這樣的疑惑。這個疑惑，帶著他和自己的茶園踏上找尋有機的道路，從此毅然決然投入有機的試作與培訓的行列。一開始是跟有機農業團體簽訂契約，保價收購有機茶葉，但是很快的，光是有機栽種技術已經不足以讓林董滿足，心底被喚醒的農民意識呼喚著他能夠更進一步藉由有機找到對土地的關懷，對生態認知的渴望，賦予有機茶園更高的環境價值，這是爲什麼會跟中華鳥會結下這段奇特的姻緣，一向被疑爲破壞山坡地水土保持元凶的茶園，變身成保育與生產能夠兩全的天堂，爲了水土保持，在每行茶與茶之間種植豆科植物，同時以面積（而非產量）爲單位與企業合作認養，避免農民爲了補足產量產生弊端，成就出這個全台灣第一個由鳥會所打造的「棲地圈護」結合「農業生產」的環境教育園區。

林董身體力行，開始自學帶生態導覽，瞭解自己家鄉的蟲鳥魚植物，結合祖先八代傳承下來的坪林茶知識，從一個回鄉青年逐漸蛻變成爲坪林自然生態、在地產業的完全達人。

對於自省能力特別強的人如林董，即使從坪林離開到永和討生活，最後又回到故鄉坪林，雖然不離開大台北地區，這一出一進也能感受到生命觀強烈的改變，出國，老實說，更適合自省力不那麼強的人（包括我自己在內），藉由外在環境劇烈變化的刺激，激發生命的改變，但是這過程，其實是如出一轍的。

Q12 全力以赴的精神

既然已經說到了里山，就不能不提豐岡。

佔地約七百平方公里，百分之八十以上爲森林，目前人口約九萬的日本兵庫縣豐岡市近半世紀以來復育東方白鸛的經驗，成了所有熱中「里山倡議」的朝聖取經之處。

與白鸛是近親的「東方白鸛」是一種大型涉禽，主要在東西伯利亞至黑龍江一帶的溼地繁殖，冬季飛往中國、韓國、日本和台灣過冬，全世界僅存約兩千五百至四千隻，被ＩＵＣＮ（國際自然保護聯盟）列入瀕危物種紅皮書中。

東方白鸛曾經遍佈日本，卻曾經由於二戰後追求經濟發展，棲地受到破壞，生態鏈也難逃毒手，而兵庫縣豐岡市是其在日本的最後一個棲息地，一九七一年，最後一隻東方白鸛從日本兵庫縣豐岡野外消失，正式在日本絕跡。

這期間豐岡市民雖然驚覺東方白鸛瀕臨滅絕，早從一九五五年開始推行保育運動，實施人工養殖計畫，可惜全軍覆沒，無一倖存。豐岡人並沒有因此放棄，反而立誓終有一天要讓白鸛再度翱翔在日本的天空。

轉機發生在三十年後的一九八五年，俄羅斯贈予豐岡市六隻幼小東方白鸛，在圈養培育計畫下，於一九八九年孵化出第一隻人工復育的雛鳥。民眾自然極度興奮，但是一旦孵出小鳥的艱難目標達成了，反而突然不曉得下一步該如何做。

這時復育團隊開始意識到，眞正的目標應該是讓白鸛留在城市野外共生爲目的。爲了達到成功野放，就需要創造合適的棲地條件。於是他們發現東方白鸛生存和水稻田有關，水田孕生的水生物讓白鸛得到充足的食物，如果水田可以以貼近自然的農法復育，那麼就可以讓野放後的白鸛有食物可生存，二〇〇五年第一隻白鸛野放成功；二〇〇七年五月孵化第一隻東方白鸛證明野外族群建立，目前豐岡市已有超過一百五十隻東方白鸛，包括四十七隻野放族群以及超過一百隻由公園飼養。而以友善環境孕育東方白鸛的農耕方式所生產的米就叫「東方白鸛米（コウノトリ育むお米）」，日本消費者爲之傾倒。

豐岡超過半世紀的努力，當地至今仍在研究水質，要讓水梯田土地不至於太軟導致農業機具無法進入，又能滋生足夠的水生物讓東方白鸛得以存活。這不會是件容易的事情，但一個如此美麗的故事，本來是值得投注心力全力以赴的。

Q13 把自己和世界變得更好

「等賺很多錢以後，再來捐給慈善機構就好了。」我身邊的台灣人總是這麼說。這樣的說法我聽得越多，就越開始質疑這種過於簡單的邏輯。因爲我身邊的美國人並沒有人這麼想。

現在回想起來，這種如果不是因爲當年出國、留在國外工作，可能就不會有這些疑問，我也不會因此挑戰自己的價值觀。

我問自己，除了希望能夠滿足「成功社會人」的三個傳統條件：「不錯的收入」「可以發揮專業的領域」「可以旅行」之外，我還能不能夠滿足第四個條件：「做一份能幫助別人的事？」

我反覆思索，相信這四個條件我是同時可以做到的，同時不需要違背傳統的價值觀，就好像我心目中最好的商人，是以適正的價格讓貨品達到流通的目的，一定需要能夠掙錢，否則就不算盡商人的本分，只是利潤不需要極大化，說穿了，就是一種有正義感作爲基石的資本主義，我唯一不同的，只是我不賣貨物，我賣的是NPO領域的專業，如此而已。因此我走上從事NPO顧問的道路。

從事NPO工作，讓我時時去考慮「得宜」這件事。最好的、最新的，不見得是最得宜的。

什麼才叫做得宜？在全世界不斷追求更新更高端的智慧型手機跟平板電腦的時候，印度的國家設計研究院的首席設計師維亞思，卻靜靜爲印度發表了一支只有五個按鍵的手機，沒有SIM卡，沒有相機功能，就連數字鍵都沒有。八公分乘三點五公分如巧克力棒的小手機上，只有開機，關機，跟三個快捷鍵，一共只能撥打跟接聽三組手機主人設定的號碼，手機響的時候，只要看到閃燈的是哪一個鍵，就知道是誰打來的，一旦遺失或被偷，因爲沒有辦

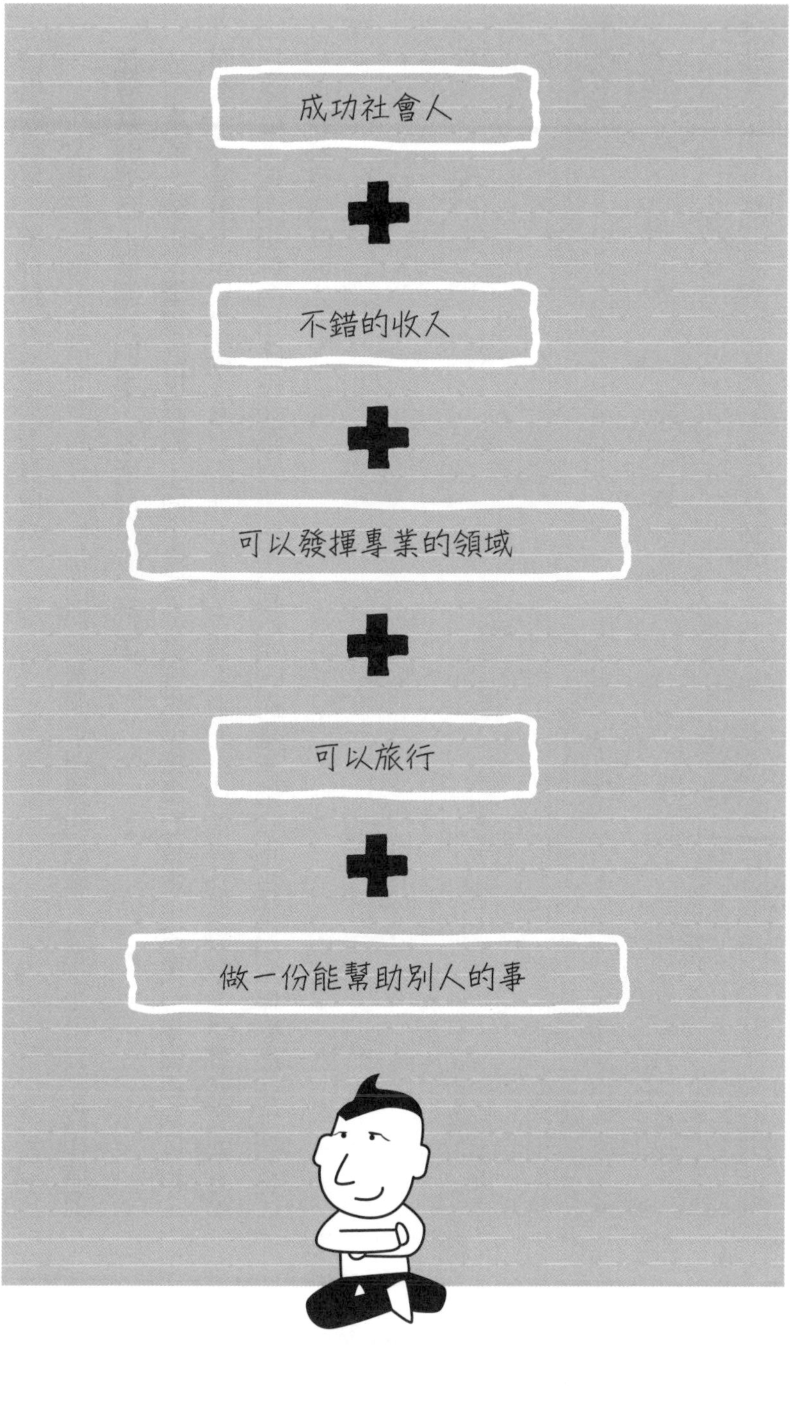
成功社會人
不錯的收入
可以發揮專業的領域
可以旅行
做一份能幫助別人的事

法更改設定，所以對竊賊來說毫無價值。

外表看似簡單，甚至簡陋的設計，背後卻有著非常深刻的思維。這就是得宜。**我相信要在得宜的地方，做得宜的事，才能算是做對的事。**

培養一個比較積極的世界觀，而不是等待著退休以後專心養生，不是一種職能或技術，而是一種態度。如果想要透過出國打工度假，進入別人的社會成爲參與者，學習態度就不能把自己定位在一個「出國撈錢賺外幣的年輕人」，而是一個「正巧透過工作的形式，把自己和世界變得更好的人」。

第8件事

出國多久才可以學到新事物？

- [ ] Q.1 開放心胸傾聽世界
- [ ] Q.2 *Live and Let Live*
- [ ] Q.3 身體出國，腦子沒有出國
- [ ] Q.4 出國前就該會的事1：別當思想警察
- [ ] Q.5 出國前就該會的事2：別把想像當成事實
- [ ] Q.6 出國前就該會的事3：別輕易當反對派
- [ ] Q.7 出國前就該會的事4：別當一個基本教義派
- [ ] Q.8 學會做對的事情

Q01 開放心胸傾聽世界

還好有旅行，讓我們知道原來課本所寫的，老師所說的，父母所教的，不見得是世界的眞相，就算有部分眞實，也沒有全面、絕對的眞理。這樣的體悟讓我們變成更加謙虛的人。

自從我發現世界上沒有一個國家，沒有一部讓自己的年輕人引以爲傲的歷史後，我就從來再也沒說過別人竄改歷史了，巴爾幹的歷史課本清楚告訴我們，歷史是一群不同史觀的學者，必須不停討論、交換、協議後寫成的臨時備忘錄，只要族群存在一天，歷史就永遠沒有眞正寫完、蓋棺論定的那天。

如果連學有專長的歷史學家都不能像醫師問診般斷定歷史，我們就必須有心理準備，我們所知道的歷史，可能並不見得比別人的正確，也很可能充滿成見，有許多避重就輕的描述，所以除非你所描述的歷史是個人經歷，否則**請不要堅持你所知道的歷史（或任何知識），而是開放心胸準備傾聽這個世界**。

我一直到處鼓吹，希望每個台灣的年輕人給自己在三十歲以前一個機會，在海外 long stay至少待三個月的時間，並非那種五天四夜的日本賞櫻之旅，陸陸續續參加二十個旅行團湊成的三個月，而是一趟至少待上三個月的那種，當然可以更長，一年、兩年都很歡迎，但若比三個月短的話意義就不大了。

我常舉一個例子，我有個朋友在肯亞當野生動物的導覽員，就是在探索頻道上會在野生動物園裡面穿著卡其制服、開吉普車的人，他這人有個有趣的習慣，就是當大家坐上車準備出發前，都會先問遊客：「你最想看到什麼？」

當然，遊客們紛紛就會說獅子、大象、老虎、羚羊、犀牛……等，比較不上道的還會說出北極熊或是企鵝之類的。每個人願望不同，十人十色，但總不脫野生動物的範圍。

我這朋友就開著車帶著大家出去導覽，當一天導覽結束，回到出發集合地點時，他又會問大家一次，「今天的行程，覺得印象最深的是什麼？」

這時，很奇妙的事情發生了，每個人都會說，是在路上遇到的當地小朋友，或是被當地居民邀請到家裡去喝茶，說的最難忘經驗，淨是遇到人的故事，幾乎沒有人提到虎豹獅象。

Q02 Live and Let Live

當我們到一個新的國度去旅行時，就好像到一個從來沒有去過的國家公園或是野生動物園，難免會有預設立場，以為我們已經知道了我們希望看到、遇到的事物，但事後回顧實際上的經驗，每個人對於旅行，或是一個國度印象最深的，往往是在當地遇到的人，這就是所謂的文化交流。

大部分的人都會說，旅行的目的無非是去認識未知的世界、學習一個新的語言，但我幾乎可以保證，當出國三個月或是一年以後，當你再問一次自己同樣的這個問題時，你會說是交到了好朋友，你在路上遇到的人給你的生命啓示，他們對於生活的想法，也許只是小小的擦身而過，但是人與人的交會，對於我們生命態度產生的電光石火，有時卻**足夠照亮我們前方的人生路一輩子**。

每次出國旅行或是工作，感受自己的渺小，承認世界上有太多我們不懂的東西，但是**只要有足夠的好奇心，沒有人可以阻止我們學習**，所以出國之前無論是交換學生、出國打工度假、出國留學或是國外實習、工作，請不要忘記「live and let live」的原則，這原是第一次世界大戰後期，在經歷了彼此死傷慘重的漫長戰爭，敵對的雙方達成默契，軍事攻擊是嚇阻用的，不以殺人為目的，特意減少使用武力，再如何深仇大恨的敵人，也不趕盡殺絕，懂得為彼此留一條活路的道理。

後來這一百年來，「live and let live」也成了許多西方人的口頭禪，甚至好幾代下來內化成為價值觀的一部分，所以當我們憤怒地跟歐洲人辯論我們自以為的「歷史眞實」時，對方可能意思意思回應一下，接下來就不大會全力反攻，就算我們所說的論調在對方聽來相當刺耳，也會隨便我們說什麼算什麼，這並不代表我們「贏了」，或是「爲炎黃子孫扳回一面尊嚴」，只能說是我們自己還不懂得尊重多元的文化觀點，人家忍讓我們罷了。

每當有人洋洋得意的告訴我：

「你看吧！對外國人，不管怎樣就是要兇，要會吵，才會有效！」

我都只有苦笑的份。因爲以爲這樣自己就「贏了」的人，一定還沒有從旅行之中，學到如何當一個世界人的功課。

有一個從日本打工度假回來的朋友說得好：

「去之前，我很容易用『日本人』、『台灣人』來區分，但實際去了以後，**才知道真正的區別是『學生』跟『社會人』。**」

年輕人要藉著打工度假爲自己的青春無敵留下美好的紀錄，固然不錯（雖然我腦中立刻浮現的影像，是一個老人坐在搖椅上細數當年，「啊你阿嬤年輕的時候，也有去澳洲摘芒果喔……」），其實這跟當年懷抱著夢想加入移民建設滿洲國的日本年輕人，這種熱血並沒有兩樣，但如果回頭看歷史，才發現自己的熱血被時代所背叛，被歷史的謊言所欺瞞，當這些日本人回到長春，發現自己所知道、所深信的一切，如今都冠上了一個「僞」字的時候，要如何自處？

那麼在澳洲開墾荒地，或是在巴西採珍珠的日本婦女呢？

當年跟隨著一貫道到巴西去創造人間天堂的台灣家庭呢？

仔細想想，他們在異國度過的生命，就算是時代的錯誤，也一定在個人的生命中留下一些美好的、獨特的足跡吧？

生命的足跡，本來就沒有對錯，**學會尊重人與人之間的不同，文化與文化之間的差異，才能開始彼此欣賞彼此的生命**。重要的是，地球上每個族群都有權利讓子孫後代以自己的文化爲榮，光榮的歷史不會是也不應是你「龍的傳人」的專利。

卸下文化的手銬腳銬的同時，認清文化基因在自己血液中扮演的角色，這時，才算真正呼吸過自由的空氣，你，也才真正是屬於世界的。

Q03 身體出國，腦子沒有出國

我很羨慕交換到台灣來上學一年的「陸生」，因爲他們有一整年的時間，可以完整的決定他們對於台灣這個地方，抱持什麼樣的想法。初來乍到的時候，大部分的陸生對於台灣城市市容跟硬體建設的「落後」，大都相當失望，因爲比起大部分所謂的「三級城市」還不如，甚至覺得台灣的大學生很「土」，可是經歷完整的一年過後，離去前這個來自中國的大學生對於台灣，肯定有著完整的、立體的認識，影響未來的一輩子。

相同的，我也羨慕那些毅然到中國的陸資企業裡面工作的台灣人，因爲經過完整的一年後，對於中國的人事物，一定不再會有輕慢之心，每天打開新聞節目，看到一個大國人民關心的國際事件廣度與深度，才發現故鄉台灣的所謂新聞節目是多麼幼稚可悲，就連台灣認爲佔有絕對優勢的綜藝影劇，在看過幾集選秀節目、歷史大劇之後，才發現原來自己如此輕佻、草率，而能夠用一個比較宏觀的視野，來看待海峽兩岸的關係。

因爲有一年的時間，就足以關照兩地歷史觀的分歧。舉例來說，釣魚台領土主權這件事，說眞的沒幾個平凡老百姓可以簡單說得清楚這件事，無論是中國還是台灣都一樣，大多數民眾都說不出個來龍去脈，但因此演變成「反日」，卻好像是理所當然的事情。但是，這時候請稍待一下，**你真的以為你知道歷史嗎**？

如果你有一年的時間，待在中國，台灣，或是日本，那麼回頭看釣魚台事件，就會覺得歷史眞是亂七八糟的東西，有時候比遺忘在冷凍庫角落的一包剩菜更難分辨。

我並不是因爲自己從小歷史成績在及格邊緣徘徊才這麼說的，但每次看到剛開始旅行、接觸世界各地的人，「發現」外國人竟然「竄改歷史」，而爭得臉紅脖子粗的時候，我都忍不住想：

「過去的我，一定也是這樣的吧！」

反正一直到現在，身邊大部分的朋友還是理所當然認爲「孫悟空」是傳統中國文學中的經典角色，完全沒有意識到我們心目中的美猴王形象，其實是道道地地的傳統印度教神祇。所以照這個邏輯，要支持「反盜版」，印度應該要率先「反華」才對。

同樣的道理，任意用我們自己的觀點去解釋別人的文化，就會像一面搖著反日旗幟一面卻高嚷「蒼井空是世界的」這群宅男同樣荒唐——基本上，這個知道蒼井空是何許人的「世界」跟其他人的「世界」定義應該不一樣。

我要說的結論是：**如果只有身體走出國門，腦子卻沒有走出文化界限，任何一個人，無論來自日本還是台灣，加拿大還是克羅埃西亞，都有可能會變成一個隨著旅行經驗越多，心胸眼界卻變得越狹窄的人。**

「釣魚台是大陸的，蒼井空是世界的」就跟「美猴王是印度的，孫悟空是中國的」，或是「中國反日是愛國，印尼反華是歧視」一樣荒謬，還好這個世界上有越來越多到處旅行的年輕人，決定用**自己的眼睛去看，用自己的心去傾聽**，讓我們從屠殺海豚到種族屠殺，孫悟空到蒼井空，國土主權到民族英雄，每次遇到疑惑的時候，都停下來重新思考一下，用謙卑的角度看世界，說不定有一天，會發現自己的身體雖然是草根的，但是心是世界的，這時候

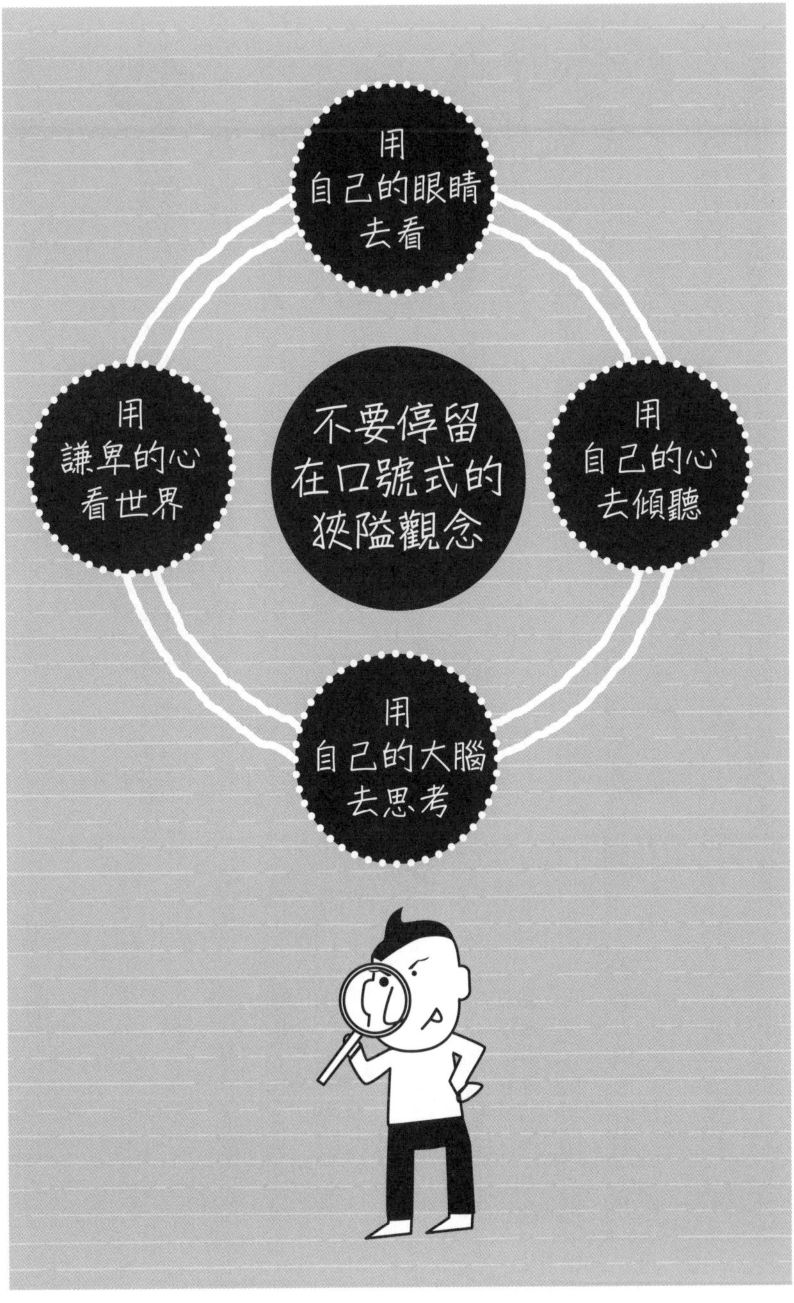
用
自己的眼睛
去看
用
謙卑的心
看世界
不要停留
在口號式的
狹隘觀念
用
自己的心
去傾聽
用
自己的大腦
去思考

再回頭想「人道」「民主」「愛國」這些口號式的概念，會有著不同的體悟。

Q04 出國前就該會的事①：別當思想警察

打開電腦，收到來自一個臉書朋友的私訊，原因是我前幾天貼了一張鱷魚的照片，在眾多朋友的回應之中，其中有個人開玩笑說應該做成皮包背在身上，所以我應該對於動物毛皮「做出回應」，因爲我是「公眾人物」。

每次遇到這樣的事情，總讓我哭笑不得。難道我是思想警察嗎？好奇之下打開那張已經幾乎完全被我忘記，在曼谷路邊隨手拍的相片，一看不得了，已經有兩個女生爲此在留言板吵起來了，誰都不肯讓步，要是讓她們兩個在路上碰到了，應該會用高跟鞋踢對方，扯頭髮，弄得頭破血流罷？

既然已經不只是一兩個人的爭執，我也開始認眞思考這個問題：「動物毛皮是否等同絕對的惡？」

同樣是動物毛皮，蒙古牧民使用自己豢養的牛羊馬皮革製作蒙古包、水壺、衣服等等，是否跟巴黎的貴婦身穿貂皮大衣去參加名媛派對罪惡同等？

誰都知道，蒙古包有其發展、演變的過程，在狩獵採集時代，蒙古族住在窩棚裡，這種圓形拱頂的隱蔽窩以活樹爲支柱，用樺樹皮覆蓋，製作簡單，便於搬遷時遺棄。隨著原始人類由採集向狩獵過渡，活動範圍越來越大，同時也把一部分食草動物逐漸馴養成家畜，出現了畜牧業的雛形。這就要求有一種便於遷徙的居室，於是窩棚之類的建築應運而生。到了狩獵時代向游牧時代過渡時，又由窩棚過渡到帳篷，帳篷用樹木做支架上蓋毛皮。進入畜牧社會，才出現了現在我們看到的毛氈帳，其形似天幕用羊毛氈覆蓋。

所以，我們是應該規定蒙古包只能回復到用樺樹皮來覆蓋，還是應該立法規定從此蒙古包一律改用ＰＵ材質？

如果蒙古包因爲有「歷史」，是「傳統」，因此不應該跟貂皮大衣等同視之，那麼我再請你想想，難道皮草就沒有歷史、不是傳統嗎？

不說歐洲，光看中國，以獸皮製衣相傳是商朝丞相比干發明的。到漢朝時，貂裘在皇宮內及大臣中間使用得很普遍了，侍從官員都用貂皮尾作爲帽子上的裝飾品。到了清代裘皮服裝成了皇室貴族士大夫官職大小的識別品，例如：除親王、郡王外，不准穿戴黑狐皮服裝；文官要做到三品以上，才許穿戴貂皮製的朝衣，文官四品或武將三品才准許穿貂鼠皮服裝；五品至七品，只可以用貂皮做一點點衣袖、衣領及帽檐兒；八品九品以下的小官只許穿猞猁皮、白豹皮、灰鼠皮製成的服裝。凡去山海關寒冷地方出差的官員，則可以早點穿貂鼠皮襖。

所以，光是加入對「傳統文化的尊重」一項變因，我們的立場就很容易動搖了。

人類社會有互補關係，讓每個人可以盡力去發展自己專長的能力，去交換有必要但是不擅長的需求，生物的食物鏈當然也有互補關係，站在食物鏈上端的人類因爲生理構造沒有禦寒的能力，所以冷的時候就要從食物鏈下端的動物取得脂肪、羽毛、皮毛禦寒，從生物科學的角度來看，並沒有任何不自然的地方。

當然，禁用動物皮毛是一種主張，同時也是許多主張之一。

支持一個理念是可敬的，就像我支持反戰，但在支持反戰的同時，我也理解戰爭、資源爭奪也是生物界非常自然的現象，並不否認我所支持的反戰終極來說，不過是一種違反自然的主張，因此如果世界和平沒有達成，也並不會因此覺得挫敗，因爲我知道，重要的是在理念宣揚過程當中，**我們共同帶來思考、參與的機會**，而不見得是最終那個遙不可及的「和平」金色果實。

我想問這些站在強烈反對動物皮毛的朋友，這樣的觀念眞的是自己深思熟慮的結果，還是受到像動物保護中激進派的「善待動物組織（PETA——People for the Ethical Treatment of Animals）」文宣的影響？世界動物保護風潮中的激進派雖不是主流，但他們卻用實際行動時刻提醒人們，去思考和處理人類文明發展和動物權益保護的關係，我是敬佩的。但是PETA成員可以在美國紐約時報廣場，身穿毛皮大衣喝馬桶裏面的水，呼籲人們抵製毛皮製品，你可以嗎？如果你做不出這麼激烈的動作，憑什麼有同樣激烈的主張？

反對動物毛皮之前，是否對於毛皮的整體產業鏈做足了功課，有清楚的瞭解？是不是所有的毛皮都是一樣血腥？哪些毛皮是像犀牛角那樣，取皮毛後其他部分就扔棄？哪些動物皮毛又是取用肉品的副產品？就算是同樣的一張毛皮，跟使用者本身的需求、心態也很有關係，一年只穿一次到時尚派對就束諸高閣，跟經年累月每天穿著在西伯利亞酷寒的油田工作，也應該是完全不一樣吧？那麼我們要如何才能決定誰才可以，誰不可以？就算可以列出一個精細的使用核可標準，**我們何等傲慢，憑什麼來決定別人的人生**？

輕易做出一個過度簡單、絕對的結論，甚至可以理直氣壯要求一個陌生人去支持自己，否則就是不仁不義，是我們在激情下非常容易犯下的錯誤，除了反動物毛皮，反戰，還有素食主義，反核，反壟斷，反性別歧視，反使用塑膠製品……這清單無止無盡，所以當我決定貼上一張「反」的標籤時，總希望自己要能夠很謹慎，不然**很容易就會變成「思想警察」**，**這是很危險的事情**，而且未來有一天，當自己具備著更成熟的智慧，或是時代的演進帶來思潮的改變，自己熱血澎湃不惜生命換取的信念，到頭來竟然是錯的、不合時宜的，那可不是很尷尬嗎？

Q05 出國前就該會的事②：別把想像當成事實

你說你從未受到任何組織的影響，受到的是自己內心痛覺的影響，光是想像要把被剝皮的動物放進滾水裡使得皮肉分離，就無法忍受，這是不人道的！

「就算有人道的方式可以剝皮，這些被取用皮毛的動物也是逼不得已的吧！」你說。這點我同意。無論是剝皮的還是被剝皮的，當然都是逼不得已的，爲了樂趣而去剝皮的人，那叫做病態啊！

二〇一一年五月初，臉書的創始人兼執行長查克柏格（Mark Zuckerberg）在臉書上發表的一則近況動態說「我剛剛殺了一頭羊和一頭豬。」引來許多人的好奇、不解、反感等眾多回應。後來他接受《財星》（Fortune）雜誌電郵訪問時回覆，這是他給二十七歲的自己的挑戰：「要吃肉，就只吃自己親手屠宰的動物。」希望自己吃肉時不能忘記「有一頭動物爲我而死，」並心懷感謝。於是他大部分時間吃素，吃肉則只吃自己親手宰殺的牲畜。

查克柏格還說，會有這個決定源於在此之前一年在家烤乳豬時，很多朋友表示雖愛吃豬肉，但不願想到豬活著的樣子。他認爲這樣「太不負責任」，因爲人應該對自己吃的食物心存感謝。於是查克柏格決定親自向農牧業者學習屠宰動物，初次宰殺的是一隻龍蝦，之後還宰過雞、羊和豬。他表示自從親自宰殺自己要吃的動物後，他的飲食習慣變得健康許多，也對永續農業和畜牧有了更多瞭解。

但是光是基於對於動物被剝皮的痛覺的想像，就像討論魚是否有痛覺，這個問題顯然在中國爭論了好幾千年。在西方也爭論不休。有美國研究指出要有知覺才能夠感到痛，但魚沒有知覺。但是，英國的科學家對彩虹鱒魚進行研究，發現彩虹鱒魚在頭部等多個部分有被稱爲傷害神經元的傷害感受器（nociceptor），證明鱒魚、鱈魚等都擁有痛的感覺，魚不僅能夠感覺痛，而且還會對痛做出反應。

那麼螃蟹呢？二〇〇五年挪威食品安全科學委員會發表的報告認爲龍蝦、螃蟹不太可能感到疼痛，其理由是牠們的神經系統過於簡單，看不出有大腦，沒有感知疼痛的功能。但是在同一年蘇格蘭一個動物權利機構發表的報告則宣稱龍蝦具有感知疼痛的能力。

那麼和龍蝦同樣屬於甲殼綱十足類的螃蟹呢？

所有的動物，不管多麼低等，都在遇到有害刺激時有避害反射，甚至連單細胞的原生生物也能試圖逃離，單細胞生物連神經都沒有，顯然不可能有痛覺。科學家說，疼痛是一種內在感受，必須要有神經系統作爲基礎，但有神經系統的動物，也未必就能感受疼痛。因爲動物無法告訴我們牠們的感受，當牠們受到傷害拚命掙扎時，我們其實無從知道那只是一種無意識的反射，還是同時伴隨著痛苦的感覺。

比較起這些系統的科學研究，只是從個人的角度簡單地「覺得」這事不應該，就要大家來支持，這邏輯的確過分簡化了。但是心很柔軟的人，能夠有機會去深入思考，是成長過程美好的一部分，也希望每個人把這種「痛」的同理心延伸到對於萬事萬物的疼惜。

但是，我還是不得不說，**珍惜資源、避免浪費，應該才是重點**，否則如何解釋蒙古牧民跟動物之間相互依賴爲生的關係？難道我們心底不覺得如果強迫要求所有蒙古牧民，全部按照我們的主張採用PU來搭蓋蒙古包，生活當中也不准使用任何動物毛皮，會是一種非游牧民族自我中心的驕傲嗎？人與動物的關係很珍貴，也很複雜，我相信不能抽離整個大自然的食物鏈來理解。

就像一位在電視媒體工作的朋友說的，我們出生在一個什麼商品都可以輕易被大量製造的年代，我們要做的應該是珍惜物品，珍惜身邊的環境，不管什麼都不要浪費，用牛皮做的也沒關係，當你成爲這個皮件的主人時，要感念這個因此犧牲生命的動物，不要對不起牠，「所以錄完影剩的便當我會帶回家做成炒飯吃，我不會覺得丟臉或怎樣，因爲我認爲這是愛護地球的表現。」擁有好幾件皮草的她理直氣壯的說。

對於一個把這件事情想得這麼清楚的人，我們怎麼能夠責備呢？難道洋洋得意說自己不使用動物毛皮的人，無論生活上如何大量浪費人工合成塑膠製品，都還是站在公理正義的上風嗎？

Q06 出國前就該會的事③：別輕易當反對派

同樣的道理，我也時常聽到很多人只要一提到「藥廠」兩個字，簡直覺得他們是市儈的暴利黑道組織，但是光有佛來明發現青黴菌（盤尼西林黴菌）是不夠的，一九三五年，正當「磺胺藥」風行世界時，英國牛津大學病理學系主任弗洛里（Howard Walter Florey，一八九八至一九六八）和旅英的德國生物化學家錢恩（Ernst Boris Chain）合作，重複了佛來明的工作，證實了他的結果，然後提煉出更純的青黴素成爲盤尼西林，一九四一年給病人使用成功，第一次應用在臨床治療疾病上，在英美政府的鼓勵下，很快找到大規模生產青黴素的方法，美國大量生產製造，供應戰場上治病的需要。

如果這個世界從來沒有藥廠，就沒有可能大量製造救命的藥劑。

一九四四年英美公開在醫療中使用，一九四五年以後，青黴素遍及全世界，青黴素的發現，完全改變了人類與傳染病之間生死搏鬥的歷史，人類的平均壽命也得以延長。由於有了盤尼西林，才能在第二次世界大戰裡減少受傷士兵的感染病菌，因而減低死亡率。據估計，如果沒有盤尼西林的防治，那麼在第二次世界大戰和韓戰裡，由於傷口受到病菌感染而死的比例，將會超過三倍以上！

對任何一家企業來說，營利是「本分」，否則違反營利事業的常識，還算是什麼商業？無論企業規模大小，還是只是一個流動攤販，都在同樣圖利的原則下經營，好商人跟奸商不同的，不在於有沒有賺錢，而是有沒有意識到不需要將利潤「極大化」，以適正的價格，讓貨物流通有無而已。

在國際NGO工作這十多年來，每逢天災人禍，我也總是第一線體驗到很多藥廠或企業，其實也很樂於幫助非營利組織，用捐贈的方式或是非常低廉的成本價格供應藥品，即使在相對富裕的台灣也不例外。比如每年入冬以後即是「輪狀病毒」發威的高峰期，因爲感染輪狀病毒出現嘔吐、發燒、水瀉等嚴重症狀的兒童患者，比平常增加三倍，更具威脅的是，輪狀病毒具高度傳染力，常造成嚴重的群聚感染，是兒福機構最害怕發生的事情，因爲這種病毒不僅會在小孩之間傳染，更有可能擴大傳染給大人，尤其病毒性群聚感染。如果能夠在嬰兒八個月大之前即完成疫苗接種，就可以有效降低孩子感染輪狀病毒的機率。雖然市面上有「五價輪狀病毒口服疫苗」，但是這種疫苗昂貴，每劑需要台幣兩千元，正常需施打三劑，也就是一個嬰幼兒就要六千元，兒福機構根本無力負擔，美商默沙東藥廠於是捐出一千八百劑輪狀病毒疫苗給天主教福利會約納家園、台北市基督徒救世會社會福利基金會、私立藍迪兒童之家、台北市愛慈社會福利基金會、桃園縣兒童緊急安置家園等五家弱勢兒福機構的六百名弱勢嬰幼兒接種。

如果沒有藥廠投入新藥的研究跟發明，難道就會比較符合全人類的福祉嗎？

如果人類不使用動物毛皮，全部大量使用塑膠製品替代，難道這就是進步，更加符合動物跟人類的福祉嗎？

Q07 出國前就該會的事④：別當一個基本教義派

所以**真正的重點是平等合作，是互相尊重，是珍惜資源**。否則任何一個美好的理念一旦變成「基本教義派」，就變得好惹人嫌啊！

所謂的基本教義派，指的就是堅持一個理想，絕不妥協，而且對於達成這個理想的方法、達成的程度、達成的路線也都完全沒有商量的餘地，這才叫做基本教義派。

基本教義派並沒有什麼不好，因為他們通常也是鼓動歷史前進的推手。比如台灣在戒嚴時期，因這種永不妥協的性格，極端的執著，所以只有這群人敢在街上示威，與憲兵警察對峙，敢反對當權者，也因此才能支持一群人去推翻舊有的體制，建立新的未來。基本教義派並不是洪水猛獸，雖然激進的語言，狂熱的行動，總是會引起保守派社會人士的不安，而招來批評，但這就是所謂的「大破大立」，沒有去衝撞體制，何以談改革未來。

只是基本教義派也有幾個很嚴重的問題。正如馬提（Martin E. Marty）和埃波拜（R. Scott Appleby）二〇〇二年一月在「外交政策」（Foreign Policy）期刊中一篇名爲「基本教義派的反思」（Think Again：Fundamentalism）裡面所說，「基本教義派」的內涵與特點是執守一種傳統的核心信仰，如果這信仰遭受挑戰，總會以激烈的方式反擊回去，認爲在宣傳上採取溫和方式的人是懦夫，完全不考慮化解社會衝突的重要性。同時，他們挑選傳統中的「部分」理念作爲最純粹並且代表信仰的「全部」，展現在儀式中（如國際組織「PETA」或「綠色和平」高調的抗議活動），基本教義派內部也會不斷的「純粹化」，不容許任何一丁點的動搖、改變，或是修正，結果是形成與多方人馬樹敵，除了與他們的立場全然對立者之外，更常不斷的「拋棄」稍微有一點點偏離終極理想目標的同志，任何站在中立、溫和路線，或是尋求替代妥協方案的人，都會被視爲叛徒遭到無情的攻擊，最後不是成員越來越少，就是幾乎沒有盟友，在民主化社會中自然而然變成永遠憤怒的少數。更糟糕的是，正因爲基本教義派是如此堅持理想，毫不妥協，結果當外在時空環境出現重大的變革，比如說科技、知識、潮流的進步，讓他們原本堅持的目標或方法出現錯誤時，也很難承認錯誤、修正路線。

出國前就該會的事

1. 別當思想警察

2. 別把想像當成事實

3. 別輕易當反對派

4. 別當一個基本教義派

當然，基本教義派不是絕對的正義，也不是絕對的惡。在批評基本教義派之前，先想想誰能在第一時間跳上街頭揭竿起義，保護我們得之不易的自由？肯定是這些不願妥協的社會制度最後捍衛者。我在網路上曾經看到一個很傳神地比喻，說基本教義派像一包「放在餅乾裡的乾燥劑」，你也許不喜歡它，更沒有人會吃它，但是這一小撮不起眼的粉末卻能讓整包食物長久保存、維持美味可口，代表了人類在食品工業上的長足進步。

而當基本教義派在怒不可遏認爲別人不理解、不認同自己的主張時，也不妨先想想，也許**大家的目標都一樣，只是大家正走在不同的路上**，用著不同的方法罷了，有必要爲了藥廠賺錢，在臉書上開玩笑說鱷魚可以做皮包，或溫和主張反核要從減少個人用電開始，而爭得頭破血流，當一個身邊沒有朋友的討厭鬼嗎？

別為自己設下太多限制，這只會阻撓自己瞭解這個世界，失去了出國接受觀念洗禮的真正意義。

Q08 學會做對的事

我一直認爲，出國的收穫，遠遠有比爲職涯加分，或是成爲外語高手更重要的事，那就是用新的世界觀點，學會做對的事。就像我前面曾經強調過的，要是觀念沒有改，就算走遍了世界也沒有用。

二〇一二年中台灣有一位外交官受到公務員懲戒委員會，以「嚴重損害國家形象」，違反《公務員服務法》的理由，決議予以休職二年的懲戒。這曾經在媒體沸沸揚揚的醜聞，很快地事過境遷，恐怕到現在已經沒有多少人記得了吧？畢竟每天有新的事件取代媒體的焦點，就連會叼死老鼠放到主人便當袋裡的貓，都可以成爲新聞頭條，新聞網站點閱率的冠軍，但我私心不希望嚮往著出國留學、工作的台灣年輕人，太快忘記這件事，並且引以爲惕。事情是一位在台灣駐美國辦事處擔任處長的一位女性外交官，突然遭到美國聯邦調查局以外籍勞工契約詐欺罪名逮捕，檢方隨即起訴被告並移送出庭，法官當庭諭令還押，原因是這位外交官強迫菲籍家庭幫傭超時工作，僅給付四百五十美元，相當於工作合約上的三分之一薪資，不但超時工作，還禁止他們自由外出，裝置閉路電視監視。

她的同事挺身作證說，這位外交官不但在知情的況狀下連續故意支付多名菲傭低於合約的薪資，還經常大聲斥喝，之前一名幫傭還曾遭到肢體暴力，因此變得情緒沮喪與甚至厭食。

在羈押聽證會上，這位外交官當庭聲明放棄交保權利，因爲罪證確鑿，短短不到十分鐘聽證會結束，承認檢方指控的「外籍勞工契約詐欺」罪，而且交出八萬零四十四・六二美元的賠償金給兩名受害菲傭，支付囚禁她所需的四千七百美元和押解她回台灣的美國移民官的機票費用。兩名菲傭則因禍得福，獲得為人口販賣受害人所設的T簽證，可以永久居留在美國。

在美被關二個多月認罪返台後，竟然大翻供，公然在法院上以及新聞稿中完全矢口否認虐傭及合約詐欺，供稱在美認罪協商是不得已，不代表有犯罪。公務員懲戒委員會的決議因為距離事發已經隔了一段時間，沒有引起健忘的媒體重視，但既然能以「嚴重損害國家形象，違反《公務員服務法》」為由，予以休職二年的懲戒，事實究竟如何，相信任何有常識的人應該都可以輕易判斷。

雖然我不認識這位外交官，整個事件從頭到尾也跟我沒有關係（除非以納稅人的立場，看待由全民稅金買單的上千萬台幣律師訴訟費用，那麼你我也都算是無辜的連帶受害者），但顯然出國對於一個台灣出身的外交官來說，不但沒有學習到世界級的道德標準，留學，駐外工作多年，就連在台灣生活最基本應該要有的人權尊重概念都沒有，更別說事發之後，欠缺孩子從小就被教育的「不說謊」「知錯能改」「勇於面對錯誤」的道德勇氣，不只責無旁貸地浪費了自己的大好人生夢想，也讓身為國人的我們無故蒙羞。

因為整件事情從頭到尾都是「故意」的，沒有任何一點「意外」的成分在內，所以我即使再如何厚道，也難產生任何同情，只覺得遺憾為什麼在接受休職懲戒的這兩年間，竟然還能夠繼續領半薪。

撇開正義與法律不談，這個事件我個人覺得很奇妙的還有一點，那就是這位外交官明明畢業於美國東北密蘇里大學歷史系碩士，曾派駐芝加哥及波士頓，還擔任過外交部國際組織司科長及北美事務協調委員會副祕書長等要職；也曾爲台灣駐菲律賓代表處副代表，任誰都覺得應該有著外交使節該有的英語程度，然而她在美國法庭上說的英文，書記官與法官卻都表示聽不懂。法官問她是否瞭解協議內容，她卻回答謝謝，法官再問一次，她才說「NO」。

老實說，這個新聞事件，讓我心都碎了，畢竟想要當外交官，也是我在大學念政治系時，一度有如天上遙遠星光般的夢想，還曾經因此在進入研究所，究竟應該選擇哈佛大學的甘迺迪政府學院，或是Tufts大學的Fletcher外交學院時舉棋不定，甚至因此延遲入學一年讓自己愼重考慮，但這事件的發生，像有人將我珍視的夢想，故意摔在地下以後，還繼續用那些狡辯和拙劣的謊言，重重的再三踩踏。在生氣過後，我開始試著去尋找這事件正面的意義。

靜下來以後，我意識到：「如果觀念沒有改，就算走遍世界那又如何？」如果沒有看清楚自己是誰，那麼花大把鈔票去留學、在國外做著讓人羨慕的工作、有機會得到珍貴的海外生活經驗，有可能都只是童話當中國王的新衣，自欺欺人罷了，甚至還會因此傷害了身邊的家人和陌生人。

所以如果你還年輕，不知道未來的自己想成爲一個什麼樣的人，其實沒有關係，因爲這正是我們這本書裡要討論的事情。但是你得答應自己，千萬不要變成這個事件的翻版，讓家人和社會因爲我們的所作所爲而蒙羞、傷心。出國不會自然而然讓我們變得聰明、勇敢、風趣、強大，原本面對的各種現實問題，也不會因此自動消失，那麼無論是工作、旅行、念書、談戀愛，出國的眞正意義是什麼？出國的價値在哪裡？才是眞正値得在決定出國前問自己的問題，至於人到了機場行李沒到怎麼辦？班機誤點轉機趕不上怎麼辦？護照證件找不到怎麼辦？語言有沒有學好？說眞的，不過都是雞毛蒜皮的小事而已。

第9件事

陌生人可以相信嗎？

- Q.1 世界上沒有陌生人
- Q.2 相信我們是朋友
- Q.3 遇到壞人的時候
- Q.4 相信的力量
- Q.5 知道的力量
- Q.6 人生使用法
- Q.7 關鍵字：伴
- Q.8 找到好問題來問自己

Q01 世界上沒有陌生人

「你在國外遇到陌生人，怎麼判斷對方是好人還是壞人？」是許多想去旅行的人會問我的問題。如果每次有人問我一次這個問題，我就可以得到一塊錢的話，現在我已經是大富豪了。

我認爲他們眞正需要回答的問題是：**「誰是陌生人？」**

回想在當背包客的歲月，有時候一個房間六張上下鋪的床，十二個來自世界各地的人共處一室，隔天太陽升起就各奔東西，可能一輩子再也不會見面，但是這神奇的一天，我們每個人的家當、我們的生活習慣、我們不堪的睡相，甚至我們的遮掩習慣了的身體，都毫無隱瞞地攤在陌生人面前，就算有置物櫃，大多時候也都沒有上鎖，筆電也好、手機也好，就隨手放在床上，背包客來來去去，說從來沒有人丟東西是騙人的，但終日提心吊膽也絕對沒有必要。

「每天都要這樣小心翼翼的話，也未免太累了吧！」老鳥總會這樣對菜鳥的顧慮一笑置之。

我一個在馳騁商場的老朋友，對她女兒出國臨行前說的更經典：

「社會，其實沒有那麼黑暗。」

我們連對方的名字可能都不知道了，當然更不清楚彼此是好人還是壞人，但**「相信」本身，就是一種很強大的力量**，當每個人都願意相信和自己共處一室的另外十一個陌生人是好人的時候，那一天的寢室氣氛就會非常愉快，但只要有其中一個人戒心很強，任何人舉手投足都戒慎恐懼，只要任何人一經過他床邊，立刻就像驚弓之鳥般把包包抓緊拉到身邊，睡覺也纏著腰包，那麼空氣中就會一整天凝結著緊張的空氣，奇妙的是，這樣的人出門也總是真的很容易遇到壞人。

「搞不好就算本來沒有要怎樣，但看那個樣子很不爽，覺得不搶、不偷一下實在是不甘心！」我這位商人父親的朋友就曾半開玩笑這麼說。「像當地人一樣正常走路、正常生活，誰會那麼無聊專門找你麻煩呢？」

在世界各地工作、旅行、生活了超過二十年之後，回頭再來想「誰是壞人？」這個問題，突然變得簡單起來。

壞人，不過就是做了損人利己的蠢事的普通人罷了。

壞人並不會一天二十四小時無時無刻做壞事，大部分的時候，壞人不過就是過著普通生活的普通人。如果做損人又不利己的事情，那種人其實不叫做壞人，而是**笨人**。**讓壞人變成**

好人，時常只是一念之間的事情，遠遠比讓笨人變聰明來得容易。

現實生活中，無論在自己的國家，或是在世界上任何角落，我當然無從知道誰是好人，誰是壞人，因爲壞人也會做好事，好人也不見得就不會做壞事，但我知道兩個不認識的人，只有在見第一次面時才是陌生人，一旦聊過天，彼此加進臉書好友，一起吃過飯，這輩子從此就再也不能算是陌生人了。

試想，誰會希望當著自己所有親友的面，被指控偷臉書好友的財物呢？

「如果覺得要相信陌生人很難，那把陌生人加入臉書好友不就好了嗎？」可能很多人會笑我太過單純，但我總是這麼想的。實際上，多年來臉書上面的新舊好友，對我做出壞事的，雖然不是從來沒有，但也就只發生過僅僅一次。

那是個來自Serbia的傢伙，宣稱缺錢，志願要幫我改一件三宅一生的外套，賺點工錢付房租。拿走外套後屢次找藉口拖延工期，過一陣子又騙了我幾千塊錢，宣稱急著要付給裁縫師，之後就從曼谷人間蒸發了。有趣的是，雖然如此，我們在臉書上還繼續是朋友，知道他人搬去了阿姆斯特丹，甚至偶爾還有互動。我從來沒有跟其他人提起過這件事。

因爲在我的眼裡，與其把他當成一個壞人，不如理解他只是做了點損人利己的蠢事的普通人。這樣的話在心裡還能把他當作一個有苦衷的朋友，既然我已經遇到了倒楣的壞事，還因此失去一個朋友，那可不是雙重的損失，舌尖一直會有著苦澀的味道嗎？

雖然我無法改變現實，但是我可以改變我的心態。

Q02 相信我們是朋友

從小家境貧困的沈芯菱並不是一派天眞，不知道世間現實疾苦，而是明明知道這世界有很多黑暗、貪婪，甚至僞善的一面，但是還是選擇「相信」，她相信眞正的貧窮不是沒有錢，而是沒有能力去付出。她相信所謂的富裕，並不是比誰擁有得多，而是誰需要得少。至於每個人都想要追求的幸福呢？她相信不是名也不是利，而是能夠成爲開拓者，先找到自己的道路，再幫別人開路。

學會接受陌生人的善意，跟學會如何提防別人同樣重要。我知道自己從小到大就是**靠著許多陌生人的善意長大的**。也因此，從小到大這些**陌生人成為我生命當中最重要的人**。

不如，讓自己成爲那個陌生人吧！

也因爲這樣，就算我只是在峇里島走進一間果汁吧，點一杯果汁，覺得老闆娘很有趣，兩個人就聊起天來，雖然彼此語言溝通能力有限，但從她的臉書中，知道她是單親媽媽，可能是個虔誠的基督徒，有很多朋友（大多都是印尼人，外國人都是像我這種客人變成的朋友），徐娘半老但還是很愛漂亮，通常半夜以後才會上臉書，所以應該是個夜貓子……不知不覺在互動中，就拼湊出了她生活的樣貌，在彼此的臉書上留言，如果想得很多，以後如果也不可能見到面的話，作朋友有沒有「必要」，我們是不是「門當戶對」，別人會怎麼想，何必花這麼多心思云云……當然世界上只會有越來越多需要提防的陌生人，而不會有越來越多可以單純交往的朋友。

說成「相逢自是有緣」似乎土氣了些，但若不知道可不可以相信陌生人的話，跟任何人花上幾分鐘談天，幾乎都可以把「陌生人」的身分去除掉，變成可以相信的「朋友」，老實說，並不是什麼困難的事情。

Q03 遇到壞人的時候

我有兩個在NGO領域多年的好朋友，自從合出了一本談公益旅行的書之後，兩個人就決定攜手出門，花三個月時間進行兩岸三地的分享會，他們提到無論在台灣或在成都，都有年輕學子不約而同提到：

「如果在公益路上碰到騙子怎麼辦？」

「怕被騙」，不知曾幾何時開始，似乎變成了許多人名正言順不行動的好理由，我自己也時常被問到，無論是舊衣捐贈，捐發票，還是捐錢給乞丐，時常都會因爲「聽說有很多是假的」而不了了之。

因爲這樣，我很好奇我的朋友會怎麼說。

「只有多鍛鍊自己的判斷能力、多小心，趨吉避凶而已。」我的朋友這麼說，**「沒有人規定『騙子』就不能進入公益領域啊！」**

後來一些臉書上的朋友，也紛紛抱持同意的看法。

有人說：「對呀，我經常看到或遇到打著愛心沽名釣譽的人底下眞實模樣，從一開始很震驚與憤怒，也很想揭發反擊（但他們會事先抹黑你，然後斷了你的後路讓你無法反擊），但後來有了社會歷練後，想法不一樣了！」

其實公益也是社會現象的一環，黑暗、盲目、自私與眞誠付出的人到處都有，大家打著不同的目的用著「公益」這塊招牌，但是公益與其他領域最大差別是在於「道德性」與其他領域不同，道德不該附加價值而是核心意義，所以眞誠與正直開始會很辛苦沒錯（相較於騙子的做法），但是「正道無敵」且無懈可擊而能禁得起時間與事實的檢驗。

所以，後來我領悟到：「與其憤怒或生氣，不如靜下心來好好反省，爲何對方有能力傷害自己或他人，然後再好好韜光養晦與練功，找出更強或更完善的解決方案，讓小人無法再度侵門踏戶，甚至付出傷人的代價，我認爲憤怒才能成爲進步的動力，開拓出小人無法近身的領域吧！」

我並不否認「正義的怒吼」的確是有力量的。比如說有人不守規矩插隊的時候，只要隊伍裡有一個人挺身而出，義正辭嚴地幫守規矩的大家說話，其他人也都會因此得到勇氣，去捍衛自己的權利。

Q04 相信的力量

但是我知道相較於「憤怒」，還有更珍貴的力量，叫做「相信」。

多年前有一次，緬甸軍政府還是以極權方式草菅人命的時候，我隨著一個出家人拜訪緬甸軍政府的高級將領，當時，這位出家和尙誇獎這位高官，所作所爲都是爲人民造福，簡直就是如佛經裡面記載的「轉輪聖王」。

當時我比較年輕氣盛，聽了非常的生氣，血壓當場飆高，掩不住滿面通紅的憤怒，會後我忍不住造次，當面質問這位許多人尊敬的出家人。

「你怎麼會把一個這樣傷天害理的人，說成轉輪聖王呢？」

兩千五百年前，釋迦牟尼佛告訴他的弟子，末法時期他的法已不能救度世人，其時將有「轉輪聖王」下世傳大法、救度眾生。明確告誡他的後世弟子和世人，到末法時期不能墨守佛經中的法理，而應接受「轉輪聖王」所傳之法。這是釋迦牟尼當年對「萬法歸一」的預言，所以形容人是轉輪聖王，絕對不是一個簡單隨便的讚美。

這位出家人對我的嚴厲質問只是笑笑說：

「如果一個調皮搗蛋的小孩子，大人老是說他壞，他就會一直做更多的壞事，反正他覺得沒有人喜歡他，不如壞就壞到底了吧！但是如果大人能夠誇獎他做得好的事情，無論多麼微小的善，放得多大都沒關係，這個人人眼中的『壞』孩子一定會很驚訝，竟然有人會注意到他好的一面，於是可能從此就會一直去做好的事情，那麼久而久之，不就眞的可能變成一個『好』孩子了嗎？」

當時，我是第一次聽到這樣的說法，對於自己的憤怒，甚至因此懷疑這位出家人是個逢迎拍馬的功利分子，覺得非常的慚愧。

從此以後，我在從事公益工作的路途上，無論遇到什麼樣形形色色的人，因著什麼各式各樣的動機而踏入這個領域，我都會提醒自己，誰也估不準，所謂的「公益騙子」會不會做著做著有成就感，弄假成眞，搞不好從哪個時候起就不想再當騙子了，或能假情假意做一輩

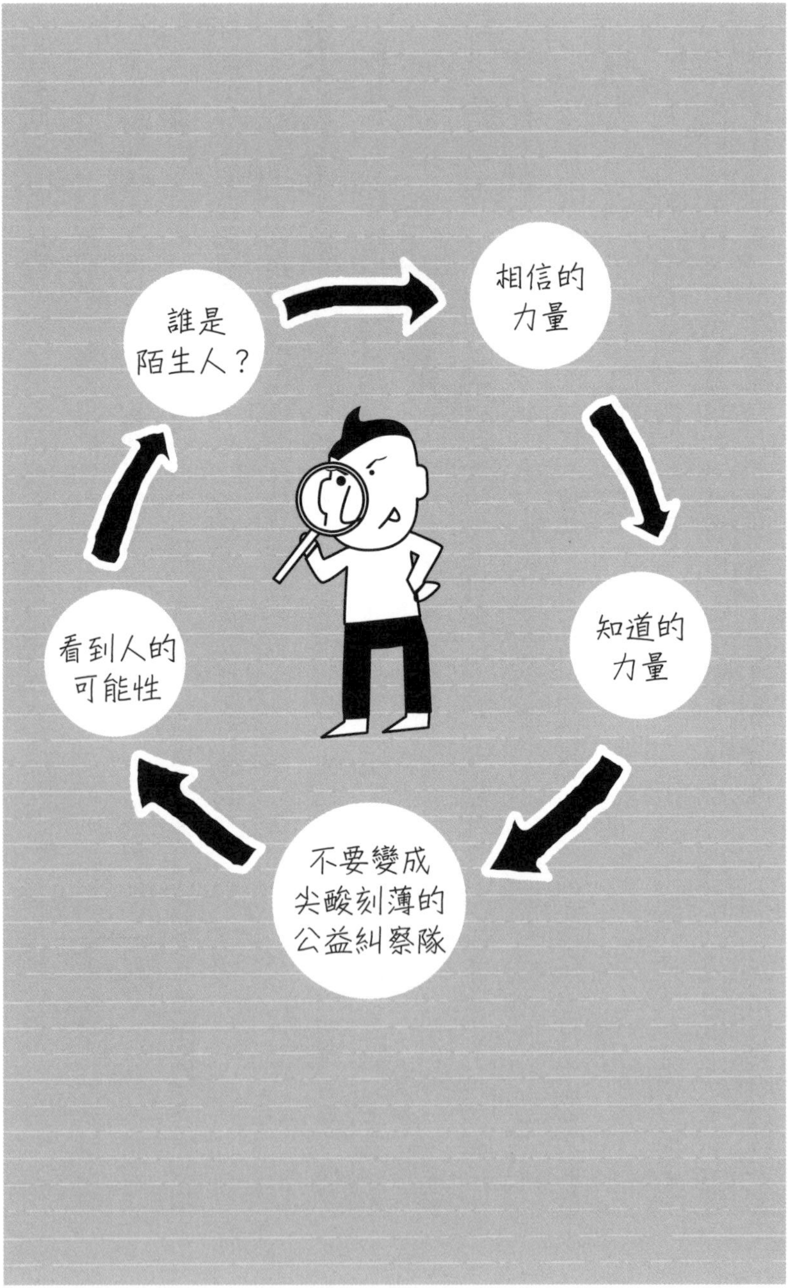
誰是
陌生人？
相信的
力量
知道的
力量
不要變成
尖酸刻薄的
公益糾察隊
看到人的
可能性

子公益，不也是眞的嗎？

正因爲我們一群人都抱著即使騙子做公益也有可能弄假成眞的心情，所以不能也不會把別人口中的騙子，排除在公益領域之外。

每個騙子都有可能成爲轉輪聖王，但是**隨時拿著放大鏡檢視別人缺點的，卻只會變成尖酸刻薄的「公益糾察隊」**。

我想，下次再面對公益騙子的時候，我知道該怎麼做了。

Q05 知道的力量

我相信「知道」本身，有著巨大的力量。

比如說當我們自從學會九九乘法表之後，無論如何也不可能回到不懂得乘法之前對於數字的想法。

已經「知道」的人，無法揣摩「不知道」者的內心世界，雖然自己也曾經是其中一名成員，但是「知道」會巧妙地徹底磨滅在這以前的所有記憶。

這是爲什麼，每次我總是喜歡問那些嚮往環遊世界旅行的人，他們認爲要去環遊世界，最大的困難是什麼。

每次，我總是會得到差不多的答案，大多數的人立刻就說是「金錢」，接著一定有人會說「時間」，在這之後，「健康」跟「家庭」也都會被陸續提出來。

「如果錢是最大的花銷，那麼一張可以環遊世界一圈的機票，大概要花多少錢呢？」

每個人總是從五十萬、一百萬台幣開始猜，認爲需要兩百萬台幣的人也有。

但是當我證明，一張最便宜的環遊世界ＲＴＷ機票，原來六、七萬元就可以買得到的時候，總是非常驚訝。原來那些覺得自己不是家財萬貫，不可能有錢去環遊世界的人，突然也鬆了一口氣。原來環遊世界的機票，用買一台摩托車的錢就足夠了。

「詢問機票價錢，明明是非常簡單的事情，可是爲什麼大家對於摩托車的價錢，這種稱不上重要的資訊相當瞭解，對於當作夢想的環球旅行，卻連到Google上去搜尋一下，或是打個電話到旅行社都不曾這麼做呢？」

「因爲覺得根本不可能，所以就沒有勇氣去……」

可是一旦知道以後，環遊世界就沒什麼了不起的了，幾萬塊錢的機票，只是自己去或不去的問題而已，已經不是能不能實現的問題。

同樣的，那些說沒有時間的人，一旦經過我的計算，發現一年五十二週，每個上班族本來就有週休二日，這樣一來就有一百零四日的週末，如果加上其他的各式各樣國定假日，颱風假，事假，病假，休假，任何一個社會人每年都有將近一百六十天以上的假日，也就是每年有將近一半的日子，本來就是假日，怎麼會說沒有時間呢？就算搭船環繞世界，也只要一百一十天啊！

至於認爲沒有健康的身體就沒有辦法完成旅行世界心願的，我告訴他們我的護士朋友法蘭克，在豪華遊輪上開設一間洗腎中心的故事，所以即使是一個星期要洗腎三次的糖尿病患，也因此可以像健康人一樣參加航海行程，我也不止一次在世界不同角落看到全盲的背包客在自助旅行，難道阻止我們去環遊世界的，是比洗腎或眼盲更加嚴重的健康問題嗎？

一一分析下來，似乎這些原先認爲無法解決的難題，都不是眞正的問題了，眞正的問題是：「不知道」。

知道與不知道，差別是很巨大的。

Q06 人生使用方法

知道世界是怎麼運轉的，是件比想像中更大的人生工程。

我一個同事，來自緬甸某個少數民族，在自己的家鄉是個非常優秀的社區發展專家，但是有一天，他卻因為長期贊助他工作的瑞典ＮＧＯ組織，要送他到斯德哥爾摩去受訓，當我們認為他很優秀，英文也很流利，應該不會有什麼困難的時候，另一個曾經去過瑞典受訓的緬甸同事，卻顯得憂心忡忡。

「他這輩子只用過鑰匙開門，但到了那裡卻要用感應卡，萬一毫無重量的感應卡弄丟了，他進不了房子，又不知道該怎麼求助的話，在熱帶生長，從來沒有經歷過攝氏三十度以下氣溫的他，可能會在下雪的北歐冬天凍死吧？」

手機該如何儲值，銀行該如何開戶，為什麼大部分的人都在地底下移動（地下鐵）而不是在地面上，這些都不是輕易就可以回答的問題。

這是為什麼，我一次又一次發現自己在泰緬邊境的移工學校，向這些剛離開緬甸鄉間的年輕人，開課解釋什麼是銀行業務，什麼叫做貸款，保險，信用額度，信用評比，資產管理，信用卡以及現金卡的區別，對於從來沒有使用過銀行，也不知道金融是怎麼回事的人來說，已經不可思議，我還沒開始說次級信貸，二胎，再保險呢。

知道如何使用世界都這麼困難，知道如何使用人生，比想像中更不容易。

兩年前，日本ＮＨＫ出版了平安壽子的一本長篇小說，書名就叫做《人生的使用方法（人生の使い方）》，描述一對退休的夫婦，藉著找尋興趣重新思考人生的方向。

無獨有偶，前一陣子網路上也流傳一篇短文，說是當電氣用品壞掉的時候，平時喜歡看產品說明書的五歲兒子總會冷冷的在一旁說：「我們自己沒按規定操作使用，當然容易壞！」延伸思考，**究竟我們是不是讀清楚了「人生使用說明書」，否則過度使用了人生，因為我們如何對待自己、對待別人、對待環境的方式，最後就會變成了我們的命運。**

Q07 關鍵字：伴

很多打工度假的前輩之所以建議到當地先報名念幾個星期的語文學校，除了學習語言適應生活，更重要的眞正目的是認識朋友，因爲在學校裡認識的老師、朋友、同學，都會是你在當地的人脈，未來無論是找工作、租房子，或是哪裡有好料、好康的，就有了來源。多在網路上找志同道合的朋友，整理資訊，也是同樣的意義。無論是網路上的還是語言學校的，都是把陌生人變朋友，變成「夥伴」「旅伴」的人脈管理術。

我前面提過那個連蘋果樹都沒有看過，第一個打工度假的工作就是去澳洲農場摘蘋果的朋友，自從去澳洲到現在三年了還沒有回來，並不是他在果園裡走失，實際上，他也已經不在澳洲了，向來不怎麼愛念書的他，如今在法國，成了名聞遐邇的藍帶廚藝學校的學生。

原地踏步

＝

永遠追不上

原本他有個同校的好朋友要一起去打工度假，可是朋友臨時打了退堂鼓，理由是暑假要打工、同時家裡要求他去補習準備公職人員資格考，所以就放了他鴿子。

第一天在蘋果園上工，認識一個亞洲同事，來自泰國，後來他們兩個變成滿好的朋友。聊天之後，才知道泰國人是藍帶廚藝學校的學生，他最驚訝的是：

「這個人跟我年紀一樣，英文簡直比我還爛，也沒有比我聰明，但是他怎麼可以去法國念藍帶廚藝學校，這個孕育米其林三星主廚的聖殿！」

我這朋友從來沒有受到那麼大的刺激，左思右想都不知道有什麼是泰國朋友做得到的事，而自己做不到的事，原本只是覺得無聊，生命中沒有什麼點燃熱情的事，也看不到自己光明的前途，所以去打工度假，抱著只要不花太多錢，隨便玩一玩回來再說的心態，沒想到念頭一轉就也放膽申請了藍帶廚藝學校，竟然眞的錄取了，他就拿在澳洲存下來的工資當作學費到了法國去尋夢。

帶來他生命改變的「貴人」，就是這個素昧平生的陌生泰國人。

至於那個臨時退縮的好友，兩個人原本程度差不多的，可是三年後，這個還在台灣繼續無精打采的補習、準備公職人員考試的朋友，覺得原本一樣的兩個人，過了三年卻造成了可能一生都追不上的差距。

普遍的誤解是，要改變生命，除非是超好運中彩券頭獎，要不然就是運氣超壞出車禍半身不遂，要不然一生都只是庸庸碌碌。但是一個走出生命舒適圈去澳洲摘蘋果的平凡年輕人，之前從來沒想到有一天會去法國上藍帶廚藝學校，我常常用這個例子提醒自己，**重點不是「改變生命」，而是一個人能不能勇敢迎接生命的改變**。

何況，這所謂「一生都追不上的差距」很可能在勇敢踏出一步，也就可以很快地追上，**真正永遠追不上的原因是原地踏步**。

Q08 找到好問題來問自己

我有另外一個朋友，原本覺得到日本打工度假一定很難找工作，所以第一份工作是出國前委託仲介先找好的，但是工作期間很短只有兩個禮拜，因此還是相當擔心接下來該怎麼辦，沒想到透過在這份兩個星期工作的期間，認識了很多朋友，後來將近一年在日本的各種工作都是透過這些朋友的直接或間接引薦來的。

「回國之後，如果這些朋友已經沒有利用價值了，那還有必要聯絡嗎？」會這麼想的人，恐怕本來生命中就沒有太多朋友，要不然就是還沒有給自己機會去出國體驗，因爲在國外期間，遇到太多太多人，可以想念的人也當然多。好聚好散是理所當然的事情，聯絡不聯絡也不是重點，但這些朋友對於生活習慣及想法、態度的改變，都有可能會繼續留在我們的生命足跡中，成爲影響我們一輩子的人。

會選擇離鄉背井打工度假的年輕人，無論是從哪個國家來的，願意放棄衝刺人生的黃金歲月一年去陌生的地方放慢腳步生活，基本上已證明這些人對自己人生有不同的期待，也因此具備一些共同的人格特質，有夢想，也敢去努力實現自己的目標跟想法，雖然語言不同，但對於世界和人生的想法可能非常接近，比起原本身邊因爲同樣不滿現狀、抱怨連連，卻不敢改變自己的而變得親近的朋友，這些旅途上遇到的陌生人反而更容易成爲一輩子的知心好友，因爲你們已經用行動先進行人格特質的過濾了。

如果說每個生命開始就是一張白紙，靠著別人都告訴我們正確答案，不可能寫出一部傑作，但是如果能夠迎接生命的改變，在改變中找到好的問題來問自己，這個追尋問題答案的過程，就是對生命的灌溉，發芽的，就是夢想。

有越來越多台灣年輕人以打工度假的方式出國，辛勤工作，換取應有的酬勞，但與其努力存錢，與其奮力抗拒被貼上「台勞」的標籤，還不如把嘗試各種工作看成增加人生的閱歷的最好方法，勇敢迎接生命的改變。

這或許也是爲什麼，我不止一次聽到很多拿著打工度假簽證到澳洲去，原本只打算待一年體驗不同的生活經驗，之所以決定辦「二簽」留下來第二年，是因爲放不開在當地結識的朋友。

這些到了第二年放不開的朋友，一年前不都是素昧平生的陌生人嗎？

第10件事

遇到麻煩怎麼辦？

- [ ] Q.1 從有能力的地方練習
- [ ] Q.2 沒有失望，就不知道希望
- [ ] Q.3 我的體內還住著背包客
- [ ] Q.4 經驗導航是我最大的財富
- [ ] Q.5 航行中的意外旅程
- [ ] Q.6 像孩子一樣天真，像動物一樣頑強
- [ ] Q.7 不要用悲情眼光看自己
- [ ] Q.8 集體被害妄想症
- [ ] Q.9 出國避險三原則

Q01 從有能力的地方練習

緬甸民權運動領袖翁山蘇姬將二十世紀初印度智者Rabindranath Tagore的詩〈就算沒有人呼應你的高聲疾呼，一個人也要上路〉翻譯爲緬文勉勵緬甸人民。我試著將詩句翻成中文，內容大致是這樣的：

「就算沒有人呼應你的高聲疾呼，一個人也要上路
就算他們膽怯、安靜的面牆迴避，
喔！你這倒楣鬼，
也要心胸開放，一個人也要暢所欲言。
就算他們退縮、在穿越荒野時棄你而去，
喔！你這倒楣鬼，
踏著腳下的荊棘而行，就算只有一個人也要在身後留下一行血跡前行。
就算在風暴的夜晚、他們沒有點燈，
喔！你這倒楣鬼，

用痛苦的雷火點燃自己的心，
也要孤獨炙熱的燃燒。」

不知道「怕」字怎麼寫，跟「勇敢」是很不一樣的。

旅行會不會有危險？

當然有。

就算不旅行，過馬路也挺危險的，不信的話，有明確的統計數字顯示，「走路」是全美國第五大死因。

日本人過新年當天吃糰糬，每年這喜氣洋洋的一天也總噎死不少人。

所以如果連走路、吃糰糬都這麼危險了，旅行怎麼可能沒有危險？但是爲了怕危險而不旅行，就是典型的因噎廢食。

別誤會，我並不是說出外旅行遇到危險都是自找的，這麼想的話就好像說遭到歹徒性侵的都是因爲自己行爲不端一樣可惡，但誠如羅馬尼亞朋友安德魯說，他在家鄉出門一定隨身會帶一把刀，萬一有年輕人喝醉了在路上找麻煩，可以隨時亮出來起嚇阻的作用。

「有眞的用過嗎？」

「當然有啊！用了好幾次。」曾經是羅馬尼亞國家體育代表隊的他若無其事地說。

但這個風險，如果說就是羅馬尼亞人生活的風險，就不會因爲本地人或外國人而有所區別。

出了羅馬尼亞，安德魯到哪裡也不帶刀、不帶槍。他並沒有因爲生活經驗的危險，而認爲無論到哪裡都得攜帶防身武器。

對我來說，安德魯就對「危險」抱持著一種很健康的態度，既不輕忽，也不誇張。知道當地人有什麼樣的風險，用什麼樣的因應辦法，再判斷自己有沒有面對危險狀況的條件，有能力，就放手去吧！沒有能力，就等功夫練好了再說，從狀況有能力應付的地方開始練習。最糟的是，明明沒有能力又不知道害怕，那麼遇到危險，很抱歉，就眞的是自找的了。

Q02 沒有失望，就不知道希望

人都怕死，大多數人都無法平心靜氣面對，但是能夠面對死亡的人，並不是因爲不知道怕，而是因爲勇敢。

有一位老護士，在自己癌症臨終前，主動跟護校聯絡，請他們送學生到安寧病房來觀察她的臨終、死亡過程，讓自己的死，變成最好、最生動的教材，因爲老護士覺得這樣的機會太難得了，如果有機會親身接觸病患的死亡，親自目睹癌症末期病人等死的過程，會幫助他們未來成爲好護士。

「問我任何問題吧！問我快要死了，會不會害怕，問啊！」這位護士用有限的時間催促著不知如何是好的年輕護校生。

老護士對於死，當然是害怕的，但是她**找到讓這害怕變成一種力量的方法**。

對於不懂生命的人，可能會認爲「死亡」是一種失敗，因爲沒有「戰勝死神」，或是「打倒病魔」。這樣說來，無論再怎麼成功的人，都將以失敗收場。但是眞的是如此嗎？對我來說，不再害怕死亡，甚至超越自己的害怕，大方的讓死亡變成護校生的教具，這就是一個充滿勇氣的故事。

「你覺得旅行會遇到什麼樣的危險？」

遭遇意外，生病，轉機誤點，人到行李未到，通關，失聯，語言不通，被騙或遇到壞人的時候沒有人可以求助，遭到搶劫、綁架、撕票……不一而足。

但是想要旅行的初衷，究竟是什麼？我曾經在一個背包客的部落格留言中，看到一個我最欣賞的理由，這個網友留言說，他之所以旅行是爲了要「體驗失敗」，因爲從小到大都很順利，受到各種保護，所以長到那麼大從來沒有眞正失敗過，雖然失敗時可能會失望，但是如果沒有嘗試失敗的滋味的話，就永遠不知道希望的價值。

如果旅行的人，都能夠心態一轉，**抱著「體驗失敗」的決心出門，那麼無論遇到什麼事情，人生一場，都會是一趟很棒的壯遊吧！**

Q03 我的體內還住著背包客

雖然距離當背包客的年代已經有些久遠了，但是必要的時候，當背包客時的經驗，還是會在旅行中遇到困難的時候，發揮決定性的幫助，每當這種時候，我都很感謝自己體內住著一個背包客。

最近發生一次久違的「送機」事件，那是發生在緬甸北部的臘戌，剛結束在農場的工作，準備回曼谷的路上，已經早就約好了在曼谷的美國大使館工作的外交官朋友，要向他請益最近NGO工作上遇到關於美國政府政策上的問題。

幸運的時候，緬甸每星期有兩班包機飛往仰光，但是否有班機，不到出發日的前一星期是不會公布的，所以每次只要能買機票，都有中了彩券的感覺，但是即使有了機票，不到當天也不保證會起飛，所以總抱著又期待又怕受傷害的感覺，但一切順利的話光是旅途省下的勞頓，就可以拿來做很多更有意義的事情。

出發日的早上，我還特地問了街口的旅行社飛機的出發時間，機票上寫著四點二十分，航空公司時間表寫四點四十分，當地票務中心告訴我四點五十分，盤算了下時間（加起來除以三），在露天的緬式小咖啡座，跟我有一半德國血統的緬甸助理開了最後一個會議，搭著三輪車到機場，時間才三點多，但舊牛棚改成的機場check-in櫃台已經收拾乾淨，提著○○七公事包的航空公司經理，正要騎摩托車回家。

「可是明明時間還沒到啊！」我發出哀嚎。

「包機有時會這樣。」經理說得好像在講荔枝吃多了難免會吃到有蟲那般天經地義。

「那我怎麼辦？」

「下星期五可能還有。」他說得一派輕鬆，可是今天是星期日啊！而且隔天星期一早上八點鐘，我從緬甸南方仰光飛曼谷的亞航機票，是不能退換的，太陽已經快下山了，我困在緬甸的北部高原，中間隔著重重的河流、縱谷、高地和山脈，這下該如何是好？

我知道，該是啓動身體裡沉睡已久背包客模式的時候了。

腦子裡開始盤算，包車直驅仰光，就算中間完全不歇息，也要二十個小時，更何況一般的司機，都會分成兩到三天來開，而且所費不貲，我沒有足夠的現金。

臘戍到仰光的巴士，雖然便宜，但是要等到隔天中午才開，後天中午到達，時間上絕對不許可，而且一把老骨頭可能還沒到目的地就散了。

幾個三輪車司機聚攏過來，大家七嘴八舌，都說沒望了。

「晚上出發的長途巴士，有沒有到瓦城的？」我靈機一動，瓦城是大概三分之一的路程，如果可以清早到達機場，說不定可以搭上最早班到仰光的飛機。通常我們本地的同事，爲了能伸展四肢，稍微睡一下，會一次買兩個位子，而且會指定比較平穩的前面車廂，因爲這種長途巴士，都是車齡好幾十年在日本淘汰的公車復活的，不但陳舊不堪，上下裡外每一寸空間都會囤滿了貨物跟行李，夜半爬行滇緬公路，不是一般外國人能覺得甘之如飴的。

打好如意算盤，我搭著三輪車到了混亂的長途巴士站，大約有七八家巴士公司，只要是前往瓦城的，竟然全部都客滿了。

「會不會有買了票沒來的？」我抱著一線希望。

結果只換來一陣哈哈大笑：「每個人當然都會來啊！」

最後我咬牙付了全額車資，搭了最爛的Lashio Express，沒有空調也就算了，還沒有位子坐，可是只有他們這家賣無座票，意思就是我必須行走十幾個小時山路，坐在硬邦邦的走道中央！

雖然已經做了最壞的打算，但當每十分鐘就停車一次，就要拿著行李起身讓其他乘客跟貨物通過，還是非常痛苦的，加上四周的乘客人人都吃葵瓜子，而且很爽快的從嘴巴裡直接噴出瓜子殼來，落在走道上，於是很快我全身上下就黏滿了來自四周像雪花般濕濕的葵瓜子殼，好不容易一包吃完了，一有機會休息，就又買一包上來吃，加上播放超難看的自製連續劇，明明就是三十幾歲的男女主角，裝可愛演十一年級的高中生談戀愛，還被老師打屁股，穿越馬路被警察捉，然後又出車禍失憶，要女友一口一口餵飯，一面吃嘴角還會一直流血，劇情比台灣的鄉土劇還瞎，好像怕不夠大聲，還用喇叭強力放送，一集完了又一集，連播了六集，我已經完全被葵瓜子殼淹沒了。

Q04 經驗導航是我最大的財富

經過十幾次上下客，十幾個收費站，兩個休息站，一個檢查哨，一個宵禁關卡，終於在早上七點到達瓦城長途巴士站。臨下車前，我忍不住坐上剛剛先下車乘客空出來的座位，坐了約莫一分鐘，第一次覺得老舊傾斜一邊而且經年累月沾滿又黑又黏的污漬的座位，真的感覺比A380新加坡航空公司的頭等艙還要讚啊！

七點鐘是上班人潮開始最繁忙的時間，瓦城車站距離機場有六十公里遠，爲了要盡快到機場，汽車又貴又怕塞車，三輪車又慢又顛簸，最後我決定跨上摩托車，直奔機場，因爲機場實在太遠了，機車騎士從來沒有去過，所以沿路看到甚麼都很有興趣，我只好兩手抓著破掉的安全帽，一面幫司機做導覽。

沿途我們停下來問路兩次，還看到被水災淹成汪洋的農田。「國內新聞也沒有報，我都不知道我們瓦城淹水！」司機不可置信的說。

騎到一半沒油了，我們還推車去加油。

終於到像在月球表面空蕩蕩的機場，連警衛也很吃驚有人騎著摩托車來，感覺上騎了這一趟，他的車距離報廢又近了一步。

衝進機場，有一班飛機剛剛降落正在加油，過幾分鐘就要飛回仰光，我不由分說就要付錢上飛機，於是我跟航空公司經理議價，付了現金，連機票跟收據都沒有，就匆匆跑上飛機，當然，乘客名單上沒有我，海關也隨便用原子筆在名單上加寫一條就算數。

最好笑的是，經理氣喘吁吁追到登機坪，在機艙關閉前一秒跟我補收相當於一塊美金的機場稅。

到達仰光機場的時候，是早上十點鐘，停機坪上空空蕩蕩，顯然我已經錯過了八點的班機。抱著一線希望，我去敲鎖著的亞航辦公室，過了一陣子，出現一個關在辦公室裡正在吃炸春捲的駐站員工，連燈都沒開，小小的辦公室充滿油炸蒜頭的香氣，他像驚弓之鳥般掩著嘴，問我要做什麼，我這才想到，距離上次吃東西，已經整整二十四小時了，但這好像不是跟他要春捲來吃的時候。

他非常肯定地宣布，我錯過的班機失效了，不能退票，也不能補差價搭下一班機，唯一的辦法是買張新的單程票，而且還得自己上網用信用卡買。

「哪裡可以上網？」

「通過護照檢查，登機口的咖啡廳的電腦有網路。」

「可是沒有票，我要怎麼通過海關？」

「說得也是。」春捲男好像很佩服我的睿智。

「我可以用你的電腦上線買嗎？」

「不行，我們電腦沒有網路連線。」

我們的眼睛都不約而同轉向電腦盯著看他面前螢幕的Gmail信箱。就在這一秒，「叮！」一聲Inbox傳來一封來自「緬甸漁會」的電子報，寂靜昏暗的辦公室裡只有我們兩個人，顯得特別大聲。

「嗯……我們這台電腦只能做公務用途。」春捲男有點尷尬的說。

「你幫客人買票，難道不是公務嗎？」

「我是Operation，不是Ticketing（票務），所以不算。」

最後，我找到一個春捲男可以接受的方法，就是請他打手機給票務，請他幫我訂票，然後把訂位紀錄Email過來，我付現金，幾分鐘以後，我手上有著春捲男的Gmail私人信箱印下來的收據，是今天晚上的飛機。

因爲在機場多出六個鐘頭，反正閒著也是閒著，就大搖大擺去了放我鴿子的航空公司辦公室，演出了一段紅面關公的橋段，雖然他們表現出從來沒聽過這麼棒的點子，更改航班時間可以事先通知客人，但是我們彼此都清楚，不過是說說而已。這一折騰，多花了九十二美金，將我前往曼谷的時間表延遲了十個鐘頭，但回頭想想這短短二十四小時之內我搭過的交通工具跟不可思議的經驗，也算值回票價了。

然後我才發現，我身體裡那個打不死的背包客還在。就好像電腦萬一中毒要切換安全模式，當我完美的行程計畫出差錯時，**我身體裡那個沉睡的背包客，就會醒來，幫我導航，讓原本一場不愉快的災難，突然變成另一段充滿非日常風景的小旅行。**

Q05 航行中的意外旅程

認識我的人，都知道我最喜歡的旅行方式，不是飛機，不是鐵道，也不是公路，而是航海。

而說到航海，就不能不正視危險。水手比誰都知道危險的眞實性，可是危險既沒有讓水手變成充滿恐懼的人，也不會成爲視死如歸的勇士，而是對於危險有著正確態度的普通人，這種水手的態度，就是我想要分享的態度。

航海讓我做了一個抉擇：是否只要人生遇到危險之處，就要盡量避免呢？

當我帶著《漂流》這本書的電子版航海到加勒比海的時間，距離出版已有二十多年，從科技的角度來說，與那個很容易故障的雷達反射器的時代，無疑已經完全不同了，但是這並不代表，航海的危險性就隨之消失。就好像擔心孩子去郊遊時遇到危險，像是被綁架、被河流沖走、遇到車禍等等，因此家長在孩子的身上裝了追蹤器，並且在家裡隨時盯著電腦螢幕，但是家長往往沒有想到，就算可以在地球的另外一處角落，分分秒秒監視孩子的方位，也無法避免綁匪把追蹤器扔掉，孩子掉進河裡，或是被車迎面撞上。

當我們的船在安地列斯群島的Curacao島的Wellemstad港口靠岸時，我第一件事就是到當地的星巴克咖啡，登入免費的無線網路在臉書上「打卡」，不到五分鐘之內，一位在波士頓大學任教的好友，也是全世界少數專門研究以加勒比海的克里歐語寫作詩人的專家，立刻透過ＡＰＰ傳簡訊要我一定別錯過當地路邊攤的家常美食。

「你記得是哪一家嗎？」我問。

「上次去已經是四十多年前的事情，早就不記得了，就算記得，恐怕也早就不在了吧？但是如果沒錯的話，應該在魚市場附近。」

這並不是我十年來第一次到Curacao島，但一點都不記得在這島上看過什麼路邊攤，現代化的煉油廠早已經取代漁業，成爲當地主要的產業，但透過Google Map，發現果然在Wellemstad全世界唯一一座可以從用「甩尾」的方式打開、讓船隻在海潮強勁的出海口通過的跨海橋樑另一邊，還有一座魚市場，旁邊鐵皮屋頂蓋成的平房，雖然沒有任何標誌，從外表看起來就像一個普通的倉庫，一走進去卻別有洞天，顯然昔日破壞市容的路邊攤，都被整編進來變成一個室內的小吃中心，裡面坐滿了本地人，很多是出海回來的漁夫，正在愉快的大快朵頤。

這裡當然不會有菜單，只有一鍋一鍋看不出名堂的燉菜跟大鍋湯，熱情的店主老太太Ynone，拿起湯匙，讓我一勺一勺嘗遍，我像是第一次走進糖果店的小男孩，味蕾驚異於這些全新的刺激，肉桂、萊姆、芒果跟椰子絲混在一起熬煮的秋葵，花生醬燒的咖哩雞肉，香甜濃郁到無法用文字形容的牛肉蔬菜大骨湯，當然，還有《漂流》作者賴以爲生的劍魚乾，用濃厚的肉醬汁燉煮，澆在混合著五穀雜糧的飯（rijsttafel）。旅行過一百五十個國家，自信遍嘗世間所有食物味道的我，從來沒有想到竟然會在這個普通的加勒比海小島上，得到全新的美食體驗，雖然我穿著拖鞋，跨坐在應該是教堂裡淘汰不要的長條木板凳上，跟漁夫們擠在悶熱、毫無裝飾的水泥建物裡面，用著粗糙的瓷碗，大口喝湯、大口吃肉，但這卻是米其林三星餐廳也比不上的饗宴。

就在那一刻，我覺得活著眞好，具體來說，是能在大海上航行，**活著到達一個只有船能夠到的地方眞好**。

上一次我有相同的感動，是在俄羅斯極東的庫頁島，當然，那又是另外一個完全不同的航海故事了。

航行的方式雖然不斷在改變，就像《漂流》的背景一九八〇年代，作者回頭看十九世紀末全世界第一個駕著帆船環繞世界一圈的美國探險家史洛坎（Joshua Slocum），也必然會驚異於當時設備的簡陋，但有一點卻是幾百年來不曾改變的，那就是只要出海航行的水手，必然冒著漂流和喪命海上的危險，但這樣的風險，並沒有減低每個時代水手對海洋的憧憬，無論裝備如何簡陋原始或齊全先進，航海旅行不分科技與時代，永遠教會我們對世界的謙卑，學會看待我們周遭的小宇宙，自然而然形成的奇妙生態系統，人類跟獵物之間，抱持著共生、尊敬的關係，就像陪伴《漂流》作者航行穿越大西洋的那群劍魚，每一隻都有獨特的個性，每次其中一隻被當作食物捕捉時，他都會覺得對方爲自己而死而深深的悲傷，但同時卻又清楚意識到，劍魚其實並沒有眞的死亡，只是轉換成爲人類的生命繼續生存下來，因此一旦劍魚爲自己犧牲生命，就不能浪費一絲一毫，連骨頭中間的膠質還有魚眼睛裡的水分，甚至胃裡消化一半的飛魚，都要好好珍惜，否則就是對生命的大不敬。

這樣漂流當中的體悟，是對生命本質的體悟，也是生命和周邊宇宙之間關係的體悟。

相信臉書創辦人Mark Zuckerberg 之所以決定，自己所吃的動物，一定只能親手屠宰，用這種極端的手段來避免不必要的殺戮，就是對被當作食物的牲畜生命表示敬意的方式。

Mark Zuckerberg或許不航海，但是在波士頓求學成長的他，顯然也具備了同樣的水手精神。或許是這樣的精神，幫助他在波濤洶湧的商場上漂流卻不至於迷失，對自己年少得志的成功充滿謙卑，或許對於除去競爭對手換得自己的生存，也充滿哲學性的感謝，不至於像其他世俗眼中的成功者，傲慢的認爲自己征服了世界，畢竟臉書的起點，原本就源自一場意外。

就像我一個從遺傳性重度憂鬱症成功走出來的朋友分享的：

「很多人問我是怎麼走出憂鬱的？我都告訴他們，因爲我對生命太好奇了，好奇到沒空去死。」

沒空去死，這樣說就對了。

人世間並非事事都如意，**只要活著一天，就要當一天人生的水手**，就算不幸迷航漂流，也要活著回來說驚濤駭浪的故事，這就是航海的必要，也是我欣賞的生命態度。

Q06 像孩子一樣天真，像動物一樣頑強

關於出國的危險，飛機失事總是會被誇大地提出來。

很多人問我：「你常搭飛機，看到墜機事件的新聞，難道不會怕嗎？」

我總是回答說：「過馬路，其實也很危險。」

二〇一〇年五月十二日，泛非航空公司在利比亞首都的黎波里墜毀，一〇三人遇難。十歲荷蘭男孩是此次空難的唯一倖存者。

二〇〇九年六月三十日，從葉門首都薩那飛往科摩羅群島的航班在機場附近墜毀，一五二人遇難，只有十三歲的科摩羅裔法國籍女孩巴希阿・巴卡里倖存。儘管她不怎麼會游泳，而且也沒有救生衣，但她依靠緊抱一塊飛機殘骸隨波漂流了整整十三小時，最後在印度洋獲救。

二〇〇七年十月二十八日，一架小型飛機因天氣不佳在加拿大落磯山脈附近冰封的河床上失事墜毀，飛機上兩名成年人當場喪生。但不可思議的是，機上一名三歲女童凱特・威廉姆斯居然幸運生還，而且當時坐在兒童安全座椅上的她只受了點輕傷。

二○○七年聖誕節前夕，一架美國航空器材公司塞斯納公司的小型客機在巴拿馬奇里基附近的叢林中墜毀，機上有四名美國乘客。救援人員花費了兩天時間才在崇山峻嶺中找到飛機殘骸。驚訝的是，十二歲的女孩弗朗西斯卡．劉易斯雖然胳膊骨折，面臨失溫，但竟然還活著。

二○○三年七月八日，一架蘇丹航空公司的波音七三七客機在蘇丹港嘗試緊急著陸時墜毀，機上一一五人死亡。兩歲的穆罕默德．奧斯曼是此次事故的唯一倖存者，他被嚴重燒傷，而且失去了一條腿。

我之所以說那麼多，其實只是爲了提醒自己，要在意外當中成爲唯一的倖存者，不是可以透過努力就能夠辦到的事，所以與其因爲憂慮這些不是個人可以控制的災難、意外，以至於無法盡情去好好享受生命，或終其一生如小型囓齒動物般在恐懼中謹慎生活的話，其實是愚蠢而可笑的。

我們有幸活在這個危險的世界上，最好的求生技巧，原來只有兩個，一是要像孩子一樣天眞，二是要像動物一樣頑強。天眞讓我們在情勢最惡劣時，不會被恐懼侵蝕；而頑強讓我們即使在最苦的刀鋒下，仍能堅持榨出生命的每一滴甜液。

與其期待自己是最受到上天眷顧的那個幸運兒，就像堅信自己會中樂透頭獎那樣可笑。我寧可**期許自己努力在生命的每一天，都能天真而頑強的走在夢想的路上**。奇蹟生還固然美好，但是別忘記，**我們的生命本身早就已經是一個奇蹟**，失去根本的天眞爛漫、失去逆境生存的能力，就算活超過一個世紀，充其量也只能算是比空難更加不幸的漫長折磨。

Q07 不要用悲情眼光看自己

隨著借助打工度假簽證第一次出國，第一次當背包客的人越來越多，也因此開始聽到有人薪水拿不到、拿少了、拿晚了等等，因爲各種原因成爲打工度假的「受害者」，比如「青年勞動九五聯盟」就曾經到澳洲辦事處陳情，希望澳洲政府重視移工人權，提出四點要求：

1、台灣政府應蒐集各種出國打工度假者所需之詳盡資訊（包括各國與各地方政府勞動法令、基本勞動條件、各產業可參加的工會、申訴管道等），並印成手冊發給出國打工國人。

2、駐外單位應協調國外政府，協助處理國人在國外的各種勞資爭議。

3、要求澳洲政府改善對打工度假者之保障措施，避免剝削的狀況，具體改善臨時工（casual）及移工的勞動條件。

4、要求澳洲公平工作署（FWA）對仲介公司AtWork，及其他僱用短期打工度假勞工的公司進行檢查，並嚴懲不法。

一位可以算是打工度假專家的資深「老背包」朋友，在網上看到這個消息的時候，她人正在加拿大打工度假中，不但沒有額手稱慶，覺得台灣年輕人在海外打工度假的權益終於可以被「保障」了，反而連連說「好瞎！好瞎！太瞎了！」如果你也看不出哪裡不對的話，讓我們一起來想一想。首先，出國打工度假者所需要的詳盡資訊，政府應該蒐集以後印成手冊雙手奉上？從小到大，我們被強迫灌食的知識還不夠嗎？之所以想出國去看外面的世界，體驗在國外獨立旅行、工作，整天掛在網上的年輕人，怎麼會連要出國還可以把責任推到政府身上呢？出國任何需要的資訊，不是自己出門前應該查詳細的嗎？爲什麼去夜市、去餐廳之前，不用政府幫大家在網上蒐集整理好遊記、食記呢？

拿著打工度假簽證，本也就是工作簽證的一種，等於自己做出出國工作的決定，就跟外國籍勞工來到台灣工作一樣，這段時間就算是當地居民，所有的協議，當然是遵守當地國家的法律，在國外工作，領的是當地水準的工資，繳的稅當然也是當地的稅率，怎麼會因爲按照當地的稅率依法納稅，只是因爲比台灣的稅率高，或是按照當地規定繳交年金保險，就叫做被外國政府剝削呢？

至於那些不滿到國外打工度假，只能做一些臨時工作的人，認爲自己受到歧視，先不討論爲什麼自己沒有能力做臨時工以外的工作，爲什麼沒有想到，同樣的工作場所，不是也有當地人嗎？當地人跟我們做一樣的臨時工，待遇跟我們也是一樣的，難道他們也被歧視了嗎？

這原本就是我們自己的選擇，對自己的承諾負責，是社會人的基本禮貌。條件不滿意的工作，就不要應徵，也不要找仲介介紹工作，按照勞僱雙方，自由意志訂立的契約，就要做好，沒有邊哭邊玩，一面工作一面抱怨的道理，別忘了，這不是奴隸制度，沒有人逼我們一定要接受任何一份海外工作。

再說要檢查僱用打工度假勞工的仲介公司，那就更妙了。人力仲介公司不是只仲介打工度假的勞動力，打工度假者只是仲介公司人力來源的其中一環，所以如果在澳洲打工度假遇到不公平的待遇，澳洲公平工作署（FWA）說必須由每名受害員工本人自行申訴才能介入調查，不是理所當然的事情嗎？爲什麼會突發奇想，認爲台灣的政府應該代表打工度假受害的個案，一一去國外調查，還要「嚴懲不法」，意思就是說，要拿台灣的法律到國外去執法就對了。

「打工度假是不是一條政府鋪好路給你出國工作的管道，什麼叫無所依靠，如果你無法自己生存在國外，那麼請不要選擇出門打工度假，如果要政府幫你包套做到好，那你還是待在這孤島吧！因爲外面的是眞實的世界，不是包套的行程！」我這朋友幾個月後在曼谷跟我見面時，說起來還是義憤塡膺。「要不要乾脆叫政府取消打工度假，省得大家麻煩呢？」

不斷的貶低自己，一直用悲情的心態來看自己，那麼全世界任何一個國家都是悲情的。

英國大學畢業生對本國失望，移居到國外去的速度，已經超過了外國移民進入英國的速度。希臘受高等教育的知識分子，很多都離開希臘到其他歐洲國家去謀生。愛爾蘭、西班牙還有其他歐洲國家很多年輕人也是畢業就失業，西班牙二十世代年輕人的失業率甚至高達百分之四十，即使找到工作也是低薪約聘的。上面例舉的這些國家，全數是屬於先進工業國，這些國家很多年輕人，也都跟台灣的年輕人一樣，到紐澳的各行各業做全職工作，或是打工度假，做一樣的工作，接受一樣的待遇，但這些歐洲人從來沒有覺得自己悲哀，也從來沒有聽說有人形容自己是什麼「英勞」「法勞」「加勞」「德勞」「愛爾蘭勞」「西班牙勞」「瑞典勞」「美勞」，麥當勞有聽過，但是沒聽過「丹麥勞」。我不懂爲什麼台灣人出國動手動腳做點事，就變成悲情的「台勞」？

至於紐西蘭、澳洲很多年輕人，也不例外的年紀輕輕就到世界各地一面旅行一面打工，叫做ＯＥ（Overseas Experience「海外體驗」的簡稱），如果一去就是好幾年，跨三大洋五大洲，既不叫「紐勞」也不叫「澳勞」，叫做「Big OE」。台勞心態，很大程度是來自於對世界的無知。

Q08 集體被害妄想症

上一代的台灣人很容易動不動就覺得天塌下來了。但是我們這一代不應該比照辦理。就像台中市議員，看到「少年Pi的奇幻旅程」劇照後很生氣，理直氣壯地在議會發飆，因爲覺得花了那麼多錢怎麼可以「看不出是在台中拍的」。請問看得出在台中街頭拍的少年Pi電影有臉見人嗎？

正因爲如此，台灣父母自己也應該有所意識，更鼓勵下一代的台灣年輕人出國見見世面，找到自己在世界上的位置。讓我們別把接受打工度假的國家妖魔化了。接受台灣打工度假的國家，並不是貪圖台灣的廉價勞工，打工度假是國與國之間雙邊的協議，行之有年的文化交流制度，理論上有多少自己國家的年輕人到外國去，就有多少外國人到自己的國家來，這些年輕人都同樣揹著背包到世界各地一面旅行一面打工，只要我們可以去的國家，他們願意就可以來，白紙黑字，你情我願，還眞是挺公平的，如果連這點都看不清楚，台灣要不是世界觀眞有大問題，就是患了集體性的被害妄想症。

Q09 出國避險三原則

當然，我不是說出門在外，一定不會發生什麼麻煩事，但是在責怪另一個國家，責怪自己的政府之前，請想一想這些不順利的事，比如勞資糾紛，是不是只有在國外才會遇到，還是只要是社會人，誰都有可能碰上的生活風險？如果只是一般的生活風險，我們有沒有預先做好「避險」？以海外打工度假來說，我甚至覺得只要把握三個簡單的避險原則就足夠了：

一是契約要看清楚。

不論是透過國內代辦、當地仲介或自己尋覓工作機會，當然都有白紙黑字的工作契約；租房子有租約；租車、辦手機，當然也都有合約。合約是成年人與成年人之間的承諾，看清楚才簽，一旦簽了，就要按照合約內容執行。**能做到的事情才答應**，答應的事情就要做好，這是社會人的基本禮貌。

二是要買保險。

台灣青年請求外交部急難救助，根據統計不外乎交通意外、勞資糾紛、刑事責任等，只要有法律諮詢的需求，外館都會給予協助。但是旅遊平安險、海外醫療險，應該是個人的責

出門在外，
預先做好避免風險的動作：

契約要看清楚，能做到的事情才答應。

要買保險，沒有購買充足的保險就出門，是幼稚的。

要有永續的心態，別輕忽自己代表的角色。

任，這是保護自己，也爲了避免萬一意外發生後造成家人龐大的經濟負擔。**抱著僥倖的心理，沒有購買充足的保險就出門，是幼稚的。**

三是要有永續的心態。

前仆後繼的旅行者、打工度假者、移民，不只代表我們個人，無論願不願意，也都同時代表了自己的國家，我們所建立的形象，是好是壞同時也會直接塑造接待國的人民、業者，對於台灣人的既定印象，就算不爲後人留路，也不可斷了別人的後路，讓人對於台灣人敬謝不敏。比如工作無法勝任讓僱主不滿意，甚至讓僱主平白蒙受損失，但又生氣又可憐的僱主，依法需要繼續付你薪資，這時應該怎麼辦？自己不喜歡的工作想要提前辭職，該用什麼理由？怎麼說才恰當？如果輕忽了自己代表的角色，**只想到自己，無法融入社會，或是帶給當地民衆惡劣的印象，就對不起比自己晚一步走出國門的年輕人。**

這三個簡單的避險原則做到了，遇到麻煩的機率，一定會降低許多，就算眞的遇到困難，後果也不至於不堪設想。

第11件事

出國回來以後做什麼？

- [ ] Q.1 因為我不知道「我不知道」
- [ ] Q.2 如何介紹你自己？
- [ ] Q.3 重新思考自己的身分
- [ ] Q.4 學習站在高處看世界
- [ ] Q.5 我到底得到了什麼
- [ ] Q.6 活在當下但不是即時行樂
- [ ] Q.7 台客的軟實力
- [ ] Q.8「隱藏版」的國際元素
- [ ] Q.9 莫忘初衷，我為什麼要出國？

Q01 因為我不知道「我不知道」

自從十七歲出了第一本小說以後，我一直以爲這輩子是注定要寫小說的。

我完全錯了。

出版過幾本之後，台灣書籍的市場導向，以及我對於NGO組織工作的熱情，將我的寫作方向帶向以旅行跟環保爲主，當時我答應自己，四十歲那年要從職場上退休，回來全心寫小說，但是等那一天到來的時候，我並沒有忘記初衷，可是時代改變了，我也改變了，我究竟應該爲了履行對自己的承諾，中斷我最想做的事，還是應該順從生命的改變？

我現在工作的形態，就跟很多同年代的專業工作者一樣，再也不是朝九晚五的傳統上班族，所以也沒有所謂的退休年齡，現在市場上的文類，本土作者的創作小說，只有很小的空間可以容納商業性不強的作品，從這個角度來說的話，我的夢想恐怕只有破滅一途，但是我也相信與其緊緊抓住過去的自己對於未來的想像，還不如擁有能夠順應時代改變的柔軟性，讓自己不只能夠生存，還要能擁有美好生活。

我之所以說這個故事，是因爲我瞭解對於一個出國的人來說，出國前想好的回國計畫，出國以後可能就全盤改變了。

正如我先前提過，在肯亞當野生動物導覽員的朋友，每當大家坐上車準備出發前，他都會先問遊客：「你最想看到什麼？」當一天導覽結束，回到出發集合地點時，他又會問大家一次同樣的問題，有趣的是，遊客們出發前都斬釘截鐵地說自己最想看到的野生動物，但是回來以後卻都說，最難忘的是沿途偶遇的人，幾乎沒有人提到虎豹獅象。

出國之前，我們認爲我們會到國外去親眼證實那些我們已經知道的事情，同時去學習那些我們原先不知道的事情，但是就像進入夢寐以求的野生動物園，我們得到最大的震撼和啓示，往往來自於那些原先我們根本不知道自己不知道的事。

Q02 如何介紹你自己？

出國回來以後，如果能把自我介紹做好，能夠清清楚楚的把「我是誰？」「我爲什麼在這裡？」「我要做什麼？」這三件事情理直氣壯地講明白，就已經不虛此行了。

因爲如果一定要說出國是爲了做什麼，我會說這一切的經驗，都是爲了有一天，能夠理直氣壯地自我介紹，因爲我終於透過世界，認識了自己。說起來好像很簡單，其實跟自己的生命和好，是一件非常不容易的事。

到時候，你會如何介紹自己？

以前，每當要跟陌生人自我介紹時，我都會充滿猶疑，究竟我應該說我是靠寫作爲生的文字工作者，還是一個國際ＮＧＯ組織工作的人？這兩種不同的身分，會讓人用什麼不同的眼光來看待我以及我所喜歡做的事？

從十七歲出版第一本書開始，二十多年來我維持著每年出版兩本書的節奏，對我來說，就像季節的更替般自然，將我所知所學、所感所思，能夠透過書寫的方式，作爲天性害羞的我，跟這個世界的溝通方式。

我常常說我扮演的角色，其實是讀者的另一雙眼睛，因爲有幸可以到一些許多人沒有機會去，甚至不願意去的地方，看到、體驗截然不同的人生面向，不同的時代，不同的經驗，教導我去關心不同的面向，有著不同的深度，否則一輩子都在自助旅行，或是隨時隨地、開口閉口都是身心靈提升，要不然天天都在吃飯品酒寫食記，不也是很偏執的人生嗎？

如果我可以把這些故事說出來，而不是不斷自我中心的說著「我、我、我」，讓讀者可以身歷其境的也能試圖從「他者」的眼睛來看世界，那麼我的寫作不就是一份很有趣的工作嗎？

當然，長年居住在海外，書寫中文幫助我能夠保持跟母語文化的溝通，也是很重要的原因，讓我不斷地用中文寫下去。

這樣說來，我確實是個不折不扣的文字工作者。

但是讓我熱血沸騰的，無疑卻是NGO的工作。

比如目前正在進行的NGO工作中，有一項非常急迫也特別有意義，是跟緬甸當地的十二個國際非營利組織，結合在台灣爲外勞與新移民發聲的四方報夥伴們，幫助剛從緬甸軍政府監獄裡釋放出來的五百六十一名政治犯，也是二十三年前還是大學生的學運分子，重新回到緬甸的主流社會，訓練他們成爲「族群觀點公民記者」的種子，透過記錄與參與這一波的改革開放，找到他們的新價值。

同時，我正在協助康泰基金會進行跟早發性失智症以及失智症居家照顧相關的教育宣導計畫，同時遊說各大保險公司接受一個全新的保險概念，希望將已經在南非實驗成功的愛滋病與糖尿病患者的慢性病專用保險，用社會企業的方式引進到亞洲。另外，我和一些美國東岸的夥伴，剛剛成立了一個叫做IAAN的流浪動物國際收養的中途之家，專門幫助來自泰國跟台灣，無法在本地找到合適認養家庭的流浪動物，能夠在海外找到合適的主人。

仔細想來，這兩者也不見得就能說清楚我的身分，因爲我同時是一些人的長輩，也是一些人的晚輩，一些人的老師，但也是一些人的學生，搞不好還是一些人的仇人。

這些多重的身分，你我在社會上都有，但是我們介紹自己的時候，都選擇什麼樣的面向來讓人理解我們是誰？一個人當然可能同時是部落客跟吸毒者，藝人跟賭徒，慈愛的母親跟落魄的娼妓，黑道人士跟孝子，政治領袖跟經濟罪犯，愛護流浪動物人士跟惡鄰居，但是我們看到的自己，跟別人所看到的我們，是不是同一人？

這是一個多重身分的時代，無論在臉書還是徵婚交友網站，看來只有把角色扮演好，才是唯一能好好介紹自己的方式。

終於明白，**最重要的不是自己的身分、頭銜，而是我是否真心相信自己，接受自己，並且誠實地面對自己**。

緬甸人權民運領袖翁山蘇姬在二〇一三年初播出一段二〇一二年底在緬甸的新首都內比都接受英國廣播公司BBC Radio4的談話性節目主持人Kirsty Young的訪問，說了一句我覺得很棒的話：

「當人們爲自己選擇一條道路的時候，應該滿心歡喜地走在這條路上，而不是弄得好像自己多麼壯烈犧牲似的。」（When people have chosen a certain path, they should walk it with satisfaction and not try to make it appear as a tremendous sacrifice.）

實情就是如此，**不能夠歡歡喜喜走在自己選擇的道路上的人，永遠是競賽當中的輸家，就算贏了，也是輸的**。

所以，你希望能如何介紹自己？

Q03 重新思考自己的身分

我認識一個台灣學生，覺得他有個會讓學生去思考，去發言的好老師，而不是在台上不斷地講課唱獨腳戲。

他說老師在課堂上問他們四個問題，我喜歡其中兩個問題，但是對於另外兩個問題，卻不得不抱著保留的態度。

兩個很不錯的問題，第一個是二十年後的你，想要成爲什麼樣的人？另外一個問題是：二十年後的你，不想要成爲什麼樣的人？

對於「未來的我」，日本專門研究人腦的藥學博士池谷裕二曾經寫過一篇有趣的文章，大部分的人，如果請成年人想像三年以後的自己，比較中彩券發財，過著無憂無慮的生活，以及罹患癌症，跟病魔奮鬥的可能性時，大部分的人都會覺得兩個都不大可能，雖然從機率上來說，罹患重症的可能性比中彩券高得多。

實際上，大多成年人都覺得三年後的自己，應該過著跟現在區別不大的生活。

哈佛大學的Gilbert博士在科學期刊發表的研究，針對一萬九千名十八歲到六十八歲的成年人作調查，大都表示跟親友之間的關係，生活的狀況，喜歡吃的東西，嗜好，休閒的方式等等，應該跟現在不會有太大的變化，因爲覺得自己的性格、個性是一致的，Gilbert博士把這個普遍的錯覺，取了個非常貼切的名字，叫做「歷史的終結」，跟日裔政治學者福山法蘭西斯的暢銷書標題一樣。

因爲如果回顧過去十年，比較自己的誠實度，友善程度，外向／內向，好奇心，精神安定狀態，就會發現自己跟十年前是有很大的差別的。但是如果問「未來十年這些性格會有什麼變化嗎？」大多數人卻都會回答「應該不太會有變化。」

「自己的改變已經完結了」的錯覺，跟「歷史的終結」是很類似的。這個錯覺的來源，往往是因爲對於將來的自己難以具體想像，基於對於安定的追求，對於未知、無法預期的改變覺得「不安」「不舒服」，所以寧可想像未來的自己，無論如何，如果沒有比較好的話，也應該會跟現在差不多。

所以如果能夠大膽地去設想，未來的自己究竟想變成什麼樣的人？或是不想成爲什麼樣的人？的確是很棒的。

Q04 學習站在高處看世界

美國波士頓郊區一所衛斯禮地區的中學，二〇一二年畢業生致詞的時候，一位該校的老師David McCullough, Jr. 向畢業生致詞的時候，說了一篇叫做「You are not so special」（你沒什麼特別）的演說，造成一陣不小的轟動，不少長期以來對於美國年輕人（也包括許多透過大眾傳播媒體全盤接受美國價值觀的全世界年輕人）那種沒來由的「自我感覺良好」的態度，已經產生反感，或是也開始反省的人，紛紛在網路上分享這段演說在youtube上的影音檔。

基於好奇心的驅使，我取得這位歷史老師的演講稿，在這裡節錄分享。省略前面的一些招呼跟玩笑話，這位老師是這麼跟畢業生說：

畢業生們，我們正在一個歸零的起點，看看你們身上穿著的畢業服吧！超沒型，千篇一律，而且不分尺碼，無論男生女生、高矮胖瘦、成績優秀還是爛到爆、超萌的妹還是超宅的電動男，你們難道沒注意，你們每個人穿得都一模一樣嗎？還有你們手上的畢業證書，除了名字那一欄以外，也都完全相同。

本來就應該是這樣的，因爲你們沒有任何一個人有啥特別的。

你非但不特別，也沒有什麼過人之處。

我們人類並不比其他動物優秀。雖然我們跟這些動物在食物鏈的位階相當，牠們卻常只是被賤比爲「食物」，甚至被認爲是些無關緊要的東西，都只是在在顯示了人類的自私和自欺欺人。

越聰明的，就死得越快。

我們到底還要再對我們的地球加害多深？還有多少動物要因爲我們而失去生存的空間？人類爲什麼會這麼貪婪、愚蠢？我覺得我們大概只會傻傻地等下去，想到人類滅種的那一天也想不出個所以然。

無論你的足球獎杯怎麼說，你七年級的成績單多讚，或是常聽到自己被說得像長角的紫色恐龍那樣特別，或是被老師、阿姨、家長如何捧在掌心誇讚，你都沒什麼特別的。

對啦，你很受寵，受到盔甲保護，被包裹在泡泡裡面。對啦，那些很有成就的大人也摟著你，親親你，餵養你，幫你擦嘴巴、擦屁股，訓練你，教導你，輔導你，培養你，傾聽你，爲你諮詢，鼓勵你，安慰你，然後再多鼓勵你一點。你被抬起來，包裹起來，底下放著輪子推著走。你被誇獎成一個超級甜心，對啦，這些你都有接受到。當然，我們也都去參加你們的運動競賽、戲劇表演、音樂會、科學展覽。當然，當你走上舞台的時候，大家都露出大大的笑容，大家都屏息以待你的一舉一動，搞不好學校刊物上還出現過你的照片，現在，你已經戰勝了高中，……我們毫無疑問的，也都爲了你的畢業而聚集在這裡，彷彿你是社區之光，是第一個從這個嶄新的大樓走出來的人。

但請別因爲這樣就誤以爲你有什麼特別之處，因爲你並沒有。

Q05 我到底得到了什麼？

（接續前面講稿）這個證據跟數字擺在眼前，就算是個數學不好的英文老師，連想忽略也不可能，因爲眼前就有兩千個畢業生，而且這只是我們學校，整個美國一年至少有三百二十萬個高中生從三萬七千多所高中畢業，這也就是說起碼有三萬七千個優秀畢業生代表，三萬七千個學生會會長，九萬兩千個校園樂團，三十四萬個運動好手，兩百一十八萬五千九百六十七雙又貴又難看的Uggs潮牌靴子。但是，何須把我們設限在高中呢？畢竟你們已經要離開了，所以再推進一步想，就算你是頂尖的一百萬分之一，在一個有七十億人口的地球上，這也只表示跟你同樣優秀的人有七千個，只要想想看在馬拉松賽跑上看到有七千個你跑過眼前的景況吧！再想更廣一點，讓我提醒各位，你的星球甚至不是太陽系的中心，

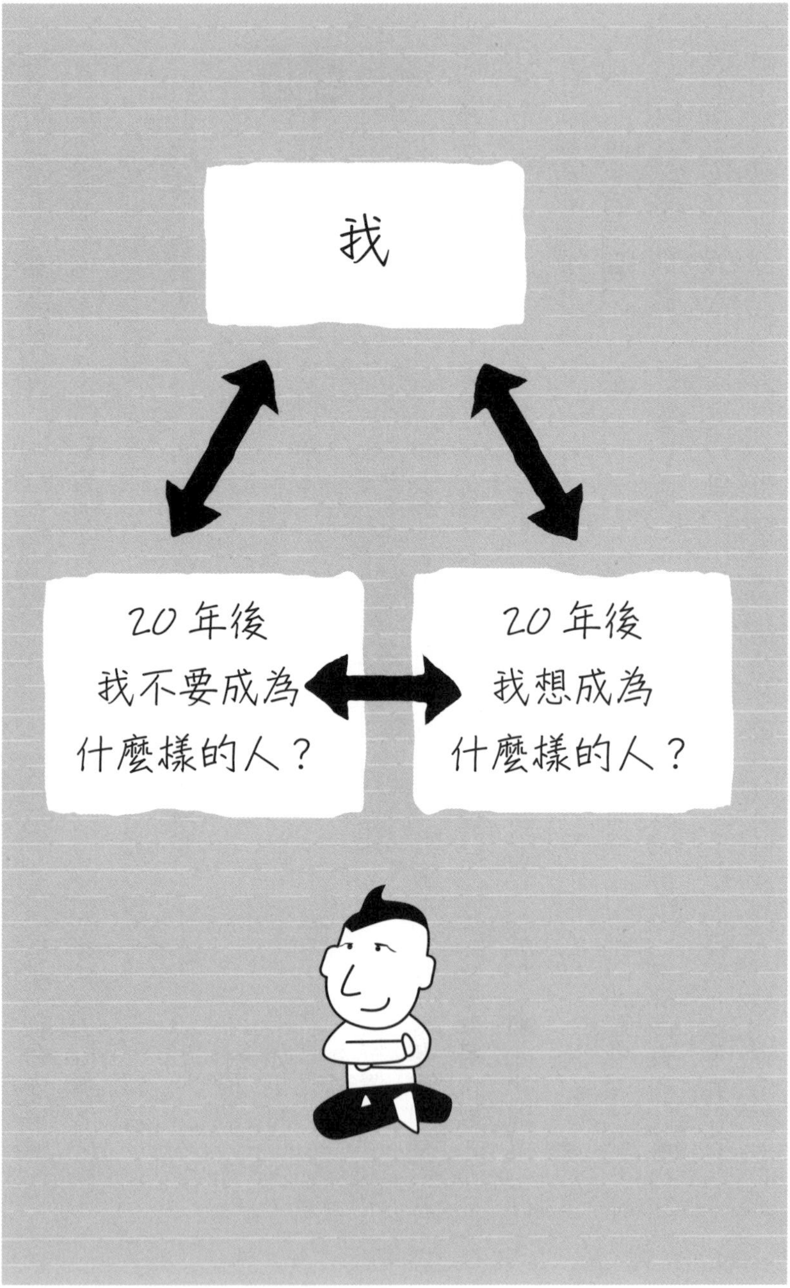
我
20年後
我不要成為
什麼樣的人？
20年後
我想成為
什麼樣的人？

你的太陽系也不是銀河的中心，你的銀河也不是宇宙的中心，所以你不可能有多偉大，唐納・川普也沒有多偉大，這樣說來，應該要有人提醒他一下，雖然他的髮型確實是夠震撼的。

你可能會向我哭訴，「可是老師，詩人惠特曼不是說我就是我完美的版本嗎？」（I'm my own version of perfection）我不會說你錯了，然而這也代表世上有七十億個完美的「我」，你看出來了嗎？如果每個人都很特別的話，那就沒有人是特別的了。如果每個人都得獎杯的話，那獎杯還有意義嗎？我們因為擔心自己在達爾文優勝劣敗的規則中無法生存，所以我們美國人心照不宣的創造太多虛設的獎項，來掩飾真正的殘酷競爭，甚至還把這麼做當成某種成就，刻意降低標準，忽略事實，但是我們多少都懷疑這只是為了找藉口印在獎牌上，讓人可以拿著拍照，有什麼可以拿來炫耀，可以讓自己在社交圈裡往上爬最快速也是唯一可行的方式。再也不代表真正的技巧如何，甚至看不出真正的輸或贏，看不出有沒有成長，有沒有學習到，還是有沒有從過程當中得到養分。

所以**老實問自己「我到底得到了什麼？」**因為我們已經把真正的成就廉價化了，到瓜地馬拉當志工蓋一間診所，真正的目的在申請好學校，而跟瓜地馬拉人的福祉沒有關係。我們學校在全美國三萬七千所高中當中算是數一數二的，但是曾幾何時「好」已經不夠好了，拿到B就好像以前拿到C一樣，「中級課程」現在被美其名為「大學預科課程」，我希望你們有注意到我說「數一數二」，我說「數一數二」所以我們自我感覺會比較良好，我們因此有自我超前的感覺，雖然這個字眼那麼含糊又不精確，沒有辦法驗證，往自己臉上貼金，把自己算入精英之流，不管眞正的精英是什麼，總讓我們感覺在競爭中佔上點優勢。但是「數一數二」這個詞本身就有問題，因爲邏輯上第一名只有一個，你要不然是第一名，要不然就不是數一數二是什麼鬼？

如果你在高中有學到什麼的話，**我希望你學到的是教育，而不是物質帶來的優勢，或是學習偷懶的方法**。我也希望你有學到就像Sophocles的名言「幸福的主要成分乃是智慧」（第二成分則是冰淇淋，哈哈！），我也希望你學到足以知道自己知道的有多麼地少，你現在知道的可說是少得可憐，所以今天只是一個起點，從現在開始怎麼走才是勝負關鍵。

在你畢業時，御風而去之前，我鄭重提醒你要做自己眞心喜歡的事，而且相信其重要性。如果你要做的事，不像要找對象那樣眞心的話，那你的下場一定會很悲慘。要能夠拒絕輕易唾手可得的誘惑，爲五斗米折腰的想法，或是以自我感覺良好來麻醉自己，自廢武功。如果你勝，確定你要有勝的條件。多讀書，無時無刻閱讀，**把閱讀當作一個人生的基本原則，就像自尊自重一樣基本**。把閱讀當作人生養分的重要來源。發展、並且保護道德意識，同時在個性上表現出來。**要作大夢。要努力。要獨立思考。要愛你所愛，全心全意去愛你所愛的每一個人。不要拖延，愛也有急迫性，因為時光一去不返，無論此時多麼美好，沒有即**

時享用也等於灰燼。

Q06 活在當下不是即時行樂

（接續前面講稿）人生的滿足，人生的特殊成就，人與人的緣分，都是贏來的成就，而不是只因爲你是個好人，或是像媽媽幫你點好菜，單單坐在那裡就自然而然掉到懷中的。你應該有注意到，先賢先烈受盡苦楚才換來你今天坐享其成的所謂人權，自由，或是追求幸福的權利。「追求」這兩個字，是個主動詞，我認爲懂得「追求」意義的人應該沒有太多時間在youtube上看鸚鵡溜滑板的爆笑影片，……重點是，要忙起來，動起來。不要等著靈感降臨，或是等著熱情找到你，起身而行，到外面去，去探索，去找自己，不只找到還要雙手緊緊握著。在你興匆匆的去刺上「你只活一次（You Only Live Once）」的刺青之前，我要先反駁一下這句話，並不是說你只能而且只應該活一次，而是每個當下都是獨一無二的，所以應該是「活在當下」（You Live Only Once），但是因爲「活在當下」聽起來沒有「你只能活一次」這麼震撼，所以我們決定還是用不太正確的說法）。

但是不應該把「活在當下」解釋成即時行樂，就像獎牌應該代表眞正的勝利，一個豐富的人生，應該是當你在追求更重要的事物的過程之中，自然而然產生的美好副產品，就像登山的目的並不是爲了攻頂插旗，而是爲了擁抱這個挑戰，享受風吹在臉上的快意，還有沿途的美好風景。攀登高山所以你能夠站在高處看世界，而不是爲了要讓世界可以看見你。去巴黎是爲了要身在巴黎，而不是能夠在清單上劃掉巴黎，爲自己見多識廣而自鳴得意。好好運用自由意志，發揮創意，獨立思考，不是爲了帶來自己的滿足，而是爲了別人，爲了其他的七十億人，還有那些會因此而跟隨的人，然後你才會眞正發掘什麼「無我」才叫做眞正的「讚」，才是人類經驗的眞相，也才是一個人能夠爲自己做得最棒的事情。生命的甜美，只有在你接受你並不特別之後，才會伴隨而來。

因爲每個人都一樣。

恭喜。祝好運。**請自己去開創，為了你自己，也為了我們的美好生命。**

而你，一點都不特別。

Q07 台客的軟實力

很多人把出國回來的改變，重點放在能夠找到一份超好的工作，或是成就什麼驚天動地

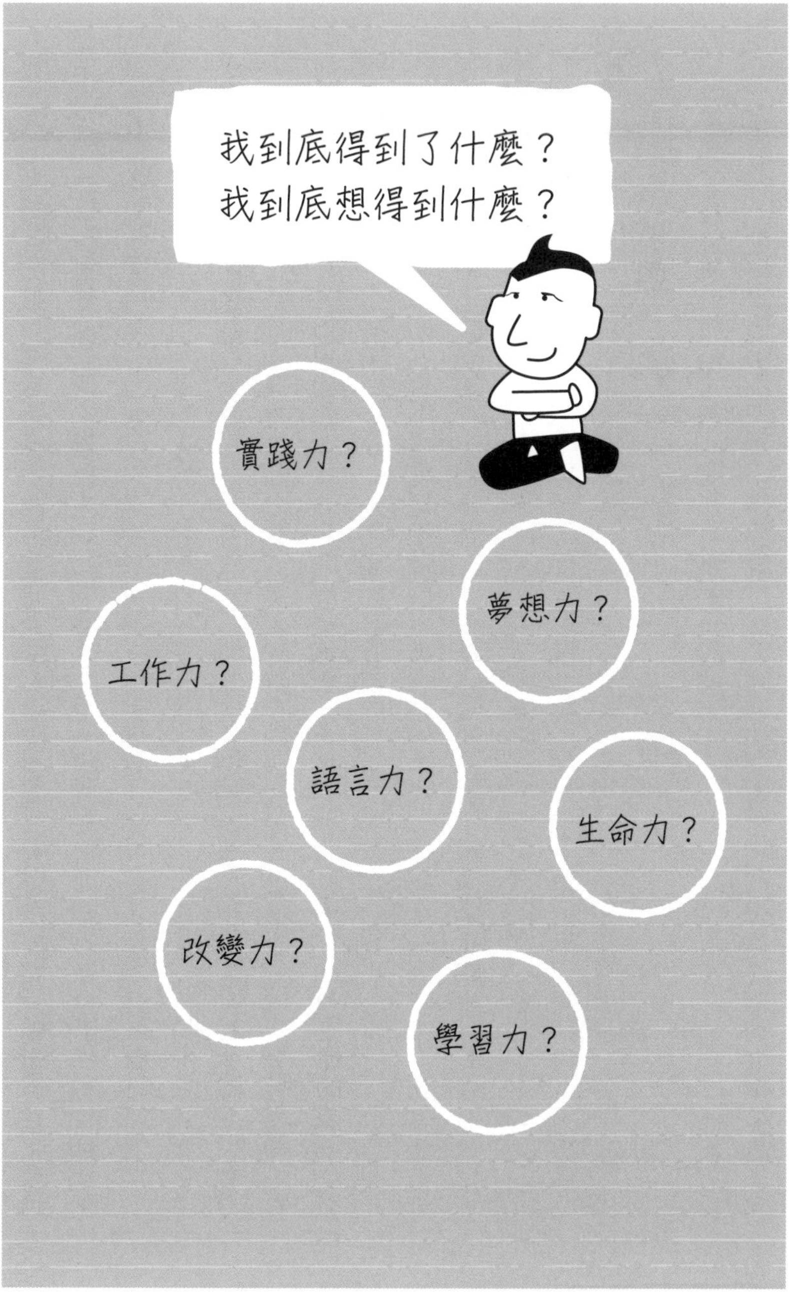
我到底得到了什麼？
我到底想得到什麼？
實踐力？
夢想力？
工作力？
語言力？
生命力？
改變力？
學習力？

的大事，好像自己應該脫胎換骨，但是我從來沒有這麼想過。實際上，我一點也不在乎自己是否因爲出國，而變成有著一雙巨大翅膀的超人，讓人驚嘆仰望，只在乎當我有機會回到最初啓程的地方，是不是學會了站在高處看世界，因此看懂了不同的人生風景。

轉眼之間，距離那個蹺課去旅行的年輕人，如今的我長年在海外生活、工作，已經有二十年的時間，每兩、三個月才回台灣一次，無論在國內或國外都被許多人誤認爲是從小在海外長大的ABC，但正因離開、回來的反覆過程，每次我都會注意到台灣，尤其是台北的改變，在我眼中，台灣漸漸變成一個充滿異國風情的地方。

我時常說，旅行的本質不過就是換個地方去過日常生活，而對於台灣人平凡無奇的日常生活，對於旅行者來說，卻可能蘊含著許多美好的點滴細節，讓這座島嶼跟世界其他角落大不相同。

因爲我與台灣如此親近，卻又如此有著距離，我也試著想，如果用一個外國人的觀點，看到的台灣是什麼樣子？

我眼中的台灣有兩個非常獨特的地方。

首先，我會說台灣是一個什麼都可以客製的地方。

在台灣，可以說幾乎找不到一條沒有早餐店的巷子，販賣的內容從飯糰到蛋餅、義大利麵到漢堡、現磨咖啡到奶茶，應有盡有，而且每一樣都是現點現做，還可以隨心所欲客製一番：「黑胡椒豬肉蛋三明治外加一條培根，生菜多一點不要美乃滋……」，而且同一家店去過兩、三次後，甚至不需要開口，無論店裡多忙，老闆都會記得客人的口味，從來不會搞錯。

不只是早餐店，從夜市的鹽酥雞攤子、手搖飲料店到五星級飯店樓下的星巴克，統統都有讓每個新客人很快變成老主顧的本事。或許這對許多台灣人來說再平常不過，但是走過世界一百多個國家以後，我發現這個特質是多麼獨特珍貴，因為隨心所欲的客製化餐點並不是沒有，但可能出現在世界上少數幾家超五星級的飯店，絕不會發生在相當於一美元一份早餐的小店，這種客製服務態度，對外國人來說幾乎是不可思議的。

還有，走進全台灣任何一家眼鏡行，幾乎沒有人會收取拴上一個螺絲的費用，有些老闆還會主動幫客人把舊了的鼻墊換上新的，清洗調整一番，放進眼鏡盒，附贈眼鏡布，這才交回給眼鏡的主人。奇妙的是，你甚至不是這家眼鏡行的客戶，這件事情在世界上大部分的城市都不可能發生。

祕訣在哪裡？**「人情味」跟「專業」的緊密結合**。

台灣的第二個特點，是一天二十四小時全年無休都便利。即使在號稱最有秩序的國際大城市東京，也不會看到便利超商有讓客人坐著用餐上網的地方，更別提二十四小時營業的實體旅行社、大型綜合書店，半夜以後，不時還會看到有導遊搖著紅色的小旗子，帶著來自香港或大陸的觀光團到敦南誠品店「朝聖」，半夜一、兩點去逛書店，顯然也成了台灣觀光的特殊景點之一。

此外，全台大街小巷只增不減的小型社區公園綠地，面積雖小，不能媲美紐約的中央公園，但是這些社區公園的數量眞多，幾乎每走兩、三條巷子就會遇到一個或大或小的社區公園，這對全世界來說都是極不尋常的城市配備。

這點，反映台灣整體環境的「安全」與一般消費者對「附加價值」的重視。

走遍全世界，最棒的城市可能不是台北，最美的島嶼可能不是台灣。但是我卻比離開之前，更清楚看到了台灣可貴、無可取代的軟實力。這樣的特質，也流在我的血液當中，所以無論我在世界的任何一個城市工作、生活，希望別人眼中看到的我，也是一個「人情味」與「專業」的緊密結合體，除了能夠在專業場域創造一個安全、可以信賴的環境，同時能夠看到我在專業以外帶來的附加價值。換句話說，我發現自己和我所珍視的台灣內在特質，有了越來越緊密地結合，旅行，讓我成爲眞正的台客。

Q08 「隱藏版」的國際元素

不斷出入國境，才發現**就算在台灣，世界離我們也並不遠**，只是有沒有訓練有素的銳利眼光，可以辨識罷了。

「剛才那幾個跑馬拉松的，其中一個他家也種柚子，但他都還買我的去送人。」八十多歲的梁老伯等那幾個穿著慢跑鞋的年輕人，一人拎著一袋柚子繼續跑步離開以後，才得意的說。

梁老伯是個有機小農，不，應該說是有機老農才對。他說在民國八十八年的時候，高雄燕巢的農家需要轉型，當地農會根據南台灣炎熱的氣候，就請當地農友在兩個熱帶水果之間作選擇，一個是種當時台灣都沒有的泰國柚子，另一個選擇是種椰子。

「還好我當年選了改種柚子，只順便種了一棵椰子樹。」梁老伯指著前方一棵聳天的椰子樹，「要不然，我八十幾歲的老骨頭，哪爬得上樹去採椰子？」

我們都哈哈笑了，真的還好沒種椰子啊！

蜜柚的果蒂已經展開，表示已經成熟可以採摘。巨大的果實在樹上結實纍纍，掛在沉沉的枝枒上，幾乎要碰到地面。

也是因爲這樣，我才知道原來這種從泰國引進的柚子，之所以在台灣被叫做「西施柚」，就是當時燕巢農會工作人員的創意。

「白露的前十天、後十天，正是採柚子絕佳的時候。」顯然在只距離繁華的高雄市區開車半個小時的距離，這裡的生活節奏還是按照著農民曆上的節氣，按部就班，依著大自然的規律變化，該做什麼就做什麼，日出而作，日落而息，飽受風霜的老臉，卻有著比許多城市人年輕的笑容。

特地爲了今天我帶一群朋友來摘柚子，梁老伯還梳了一個油頭，已經當阿媽的女兒，也一大早就特地去做了個頭髮，十足愼重，可愛極了。

當場有朋友訂了一箱，要寄給遠在金門外島的父母，因爲那裡水果很缺乏，店裡販售的種類不多，更難得見到有機的、好吃的水果。其實不只是跑馬拉松的柚農之子，家在金門的朋友，其他人也都忍不住買了不少，因爲這個果園的柚子品質好、甜度高，市面上買不到，全數都由農會收購，到了台北，只有在像是101大樓裡面附設的頂級超市裡面才買得到，當然價格也貴得讓人咋舌，能夠在這裡站在陽光下，聽著獨立小農得意洋洋的介紹自己的畢生心血，現採現吃甜度十一度的柚子，毋寧是幸福的。

我之所以會帶一群朋友來，是因爲我喜歡在泰國吃柚子沙拉，但每次提起這道家常美味，似乎台灣人都難以想像，「明明是甜的水果，如何能變成一道甜中帶鹹，辣中帶著柚子獨特香氣的開胃菜？」如果用台灣一般的文旦來做，的確味道有點奇怪，即使是高雄在地人，也不曉得就在高雄人自家的後花園燕巢，其實就有專門生產泰國柚的有機農場。

當我們每人剝了一顆甜美的大柚子，按照自己的口味，酌量加入橄欖油、魚露、芫荽、紅洋蔥丁、椰蓉、椰漿、辣椒粉，當然還有很多炸酥的蒜片，花生米，攪拌在一起，立刻品嘗，每個人都露出非常不可思議的表情，從來無法想像的道地泰國味道，突然就把我們包圍了。

我們在剝柚子之前，其實已經預先準備了刨刀，先把柚子表皮，富含精油最多的部分刮下來，用來製作有機的柚子手工皂，這樣一來，不但肥皂本身有獨特的柚子芬芳，而且融合在肥皂裡面的柚子皮，還有去角質的效果，可以說是充分的廢物利用。剩下的柚子皮，當然就可以進入堆肥，化成下一季的有機肥料。

對我來說，每次在都市的節奏中奔波覺得身心俱疲的時候，總要提醒自己去親近土地，因爲像梁老伯這樣與土地爲伍的大地農夫會提醒我，原來對於有些人來說，白露是比信用卡繳款日更重要，比生日更值得在月曆上劃紅線提醒全家人的日子。

「如果梁老伯當年種椰子，現在只好跟泰國農夫一樣，訓練猴子爬樹幫你去採椰子了，那也很好玩啊！」我望著田中央那棵又高又瘦但是結實纍纍的椰子樹，想像著有時候一個小小的決定，卻可能會影響一生。

梁老伯對他人生唯一的抱怨，就是記不清楚二十七個孫子的名字。

「現在人取名，都用很艱難的國語，像我只會說閩南語，就記不起來了！」

老伯一家三代，送我們到門口，南台灣的太陽，像泰國一樣溫暖，讓泰國柚子在這裡也長得又美又甜。但是，比柚子更甜、更溫暖的，是人與人相互欣賞的片刻。知道有人如此認眞的靠土地生活一輩子，**提醒我也要更踏實、更努力**，老後也能成爲像梁老伯一樣溫暖的人。

「可以的話，明年白露時節，我還要再回來採柚子。」我這麼告訴自己。明年的月曆上，已經被我預先做了一個明顯的記號。

Q09 莫忘初衷：我為什麼要出國？

就算你不滿意這樣的結論，認爲出國之前就要規劃好回國以後的道路，才算是爲自己的人生負責任，不能接受未來一片空白，那麼也請至少記得這三件事：

（1）出國是為了遇見未來的自己。

一個年輕人在國外的時候，看到一個又一個跟自己年齡相仿的生命，他們做著什麼樣的夢想？過著什麼樣的生活？雖然我們的語言、外表、膚色、生活習慣、宗教信仰不同，但在他們身上，我們看到跟自己還有日常身邊的同齡者，原來有那麼多相似的地方，讓我們覺得安心，因此會有著更寬闊的心胸，不會變成一個戴著有色眼鏡看世界的種族歧視者。同時，我們看到同齡者在世界的其他角落，**做著我們做不到的事，勇敢地做著我們不敢做的夢，這也會成為鼓舞我們前進的動力，幫助我們思索自己究竟想要成為什麼樣的人，如何努力成為一個自己喜歡的人。在這場人生的嘉年華大遊行中，找到我們自己真正適合扮演的角色，以慶祝的心情勇敢在人生的路上前行。**

別太早爲人生下定論，因爲你不知道，未來的你，跟現在的你是否爲同一人。

（2）出國是參觀自己人生道路各種選項的捷徑。

許多穿越時空的電影之所以讓我們傾心著迷，因爲我們總是在做人生各種選擇的時候，對於那些我們所沒有選擇的路徑充滿好奇，究竟那些路通到哪裡？如果做了那個決定，而不是這個決定的話，又會怎樣？出國的時候，我們會看到那些比我們幸運的、不幸的人，過著那些跟我們的選擇不同的生活，甚至會看到一個國家的選擇，將一整個國度的人帶入另外一種命運。

雖然我們在面臨各種抉擇的時候，不可能每一條路都去試試看，也有很多時候，選擇權並不在我們手上。但幸運的是，旅途上我們會遇到很多人，他們選擇了我們沒有選擇的路徑，也因此引導出不同的人生故事。比如我曾在一篇叫做〈另一個春天〉的散文中，記錄了二十年前的我在希臘旅行與來自前東德老太太相遇的故事，這不只是一篇我個人的故事，同時也是國家命運的故事。二十年之後，我舊地重遊，彷彿又與二十年前的自己重逢，但是我跟二十年前已經不同了，希臘不同了，德國也不同了。如果沒有一次又一次的旅行，如果沒有把感動寫下來，我就不會有這麼美好的機會，在未來跟過去一次又一次的重逢。

更何況，如果你生長的環境，不允許換了十幾個行業後，才確認自己的天賦與天命，有什麼比出國打工度假一年，名正言順嘗試十幾份工作更好的機會？如果其中一份工作，突然就像訂做的鞋子一樣合腳，那不是很幸福的事嗎？

（3）出國只是換一個地方過日常生活而已。

西方人把對於旅行的渴望，開玩笑形容爲「被旅行蟲咬了一口」（to be bitten by a travel bug），所以就像一種難以遏止的奇癢，讓人忍不住去抓撓，但越抓越癢，實在是對於愛上旅行一種很傳神的描述。旅行的經驗，提醒我旅行過程當中，那些對於我們來說無比新奇、獨特的事件、場景，可能都只是當地人稀鬆平常的例行生活細節而已。很少旅行的人，難免會誤以爲我們的生活平凡無趣，而出遠門的所見所聞，都是舉世無雙獨一無二的稀奇體驗。

這時候只要不斷繼續去旅行，看得越多，對於日常生活的滋味體會也就越深，你會發現原來我們覺得如此獨特的，是別人的開門七件事，我們覺得稀鬆平常、百無聊賴的柴米油鹽醬醋茶，竟然可以是別人拍案叫絕的妙事。於是，走得越遠、看得越多，我們就變得越懂得謙卑，也越能夠欣賞品嘗日常生活的況味，一輩子永遠不會有無聊的時刻。

請別把出國想得太功利，認爲好不容易出國一趟，回來以後就要想辦法連本帶利地把出國經驗化成一份具體的好工作，變成優秀的語言能力，或是其他動人的資歷，實際上，出國經驗的最大好處之一，就是讓我們能夠學習不斷擴大原本窄小的舒適圈。

很多人羨慕我從很年輕就選擇開始走遍世界實踐夢想，甚至爲了實踐夢想，強迫自己去埃及念書，到哈佛大學學習公共政策、在美國東岸的科技公司當顧問，但我眞正得到的是什麼？

我真正得到的不是一張文憑，一份高薪，而是一個從不同的角度，重新認識世界的機會。

以油漆作爲創作元素的中國畫家蘇笑柏，有一次在記者問他留學德國這個經歷，是否帶給他的藝術觀前所未有的衝擊？他的回答是這樣的：

「回答毫無疑問是肯定的。藝術觀這還是其次的，主要是整個生活環境都發生了巨大改變。一個藝術家的工作節奏、價值觀、藝術體系和觀眾群都發生了改變。我出國的時候年齡比較大，以一個成熟畫家的身分走出國門。從一個留學生的角度來看，這種衝擊是非常大的，並且持續了相當長的一段時間。」

因爲走出國門會讓你發現那些你不知道你不知道的事。基本上就像參加讀書會，可能會讀一些從來沒想過要打開來閱讀的書，但是接觸以後會很慶幸能夠延伸更廣的觸角，**讓自己的世界變得更大，不要讓已知的小世界，變成阻止我們瞭解更大未知世界的最大敵人。因為世界跟你想的不一樣。旅行後的你會不一樣，世界會因你而改變。**

出國是參觀自己人生道路各種選項的可能。

出國是為了遇見未來的自己。

出國只是換一個地方日常生活而已。

國家圖書館出版品預行編目資料

比打工度假更重要的 11 件事 / 褚士瑩著 . ——初版
——臺北市：大田，民 102.08
面；公分 . ——（Creative；053）

ISBN 978-986-179-296-5（平裝）

177.2 102010118

Creative 053

比打工度假更重要的 11 件事：
出國前先給自己這份人生問卷

褚士瑩◎著

出版者：大田出版有限公司
台北市 10445 中山區中山北路二段 26 巷 2 號 2 樓
E-mail：titan3@ms22.hinet.net
http：//www.titan3.com.tw
編輯部專線（02）25621383
傳眞（02）25818761
【如果您對本書或本出版公司有任何意見，歡迎來電】
法律顧問：陳思成律師

總編輯：莊培園
副總編輯：蔡鳳儀
執行編輯：陳顗如
行銷企劃：張家綺
校對：蘇淑惠 / 鄭秋燕
印刷：上好印刷股份有限公司（04）23150280
初版：2013 年（民 102）八月三十日
九刷：2016 年（民 105）一月二十日
定價：新台幣 350 元

國際書碼：ISBN 978-986-179-296-5 / CIP：177.2 / 102010118
Printed in Taiwan

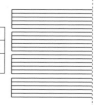

廣　告　回　信
台北郵局登記證
台　北　廣　字 第　01764　號

平　信

From：地址：＿＿＿＿＿＿＿＿＿＿＿＿

姓名：＿＿＿＿＿＿＿＿＿＿＿＿

To：**大田出版有限公司　（編輯部）收**

地址：台北市 10445 中山區中山北路二段 26 巷 2 號 2 樓

電話：（02）25621383　傳真：（02）25818761

E-mail：titan3@ms22.hinet.net

※請沿虛線剪下，對摺裝訂寄回，謝謝！

大田精美小禮物等著你！

只要在回函卡背面留下正確的姓名、E-mail和聯絡地址，

並寄回大田出版社，

你有機會得到大田精美的小禮物！

得獎名單每雙月10日，

將公布於大田出版「編輯病」部落格，

請密切注意！

大田編輯病部落格：http：//titan3pixnet.net/blog/

智　慧　與　美　麗　的　許　諾　之　地

＊請沿虛線剪下，對摺裝訂寄回，謝謝！

讀 者 回 函

你可能是各種年齡、各種職業、各種學校、各種收入的代表，
這些社會身分雖然不重要，但是，我們希望在下一本書中也能找到你。

名字／＿＿＿＿＿＿＿＿ 性別／□女 □男　出生／＿＿＿年＿＿＿月＿＿＿日

教育程度／

職業：□ 學生□ 教師□ 內勤職員□ 家庭主婦 □ SOHO族□ 企業主管
□ 服務業□ 製造業□ 醫藥護理□ 軍警□ 資訊業□ 銷售業務
□ 其他＿＿＿＿＿＿＿＿＿＿＿＿＿＿＿＿＿＿＿＿

E-mail/＿＿＿＿＿＿＿＿＿＿＿＿＿＿＿＿ 電話／＿＿＿＿＿＿＿＿＿＿

聯絡地址：

你如何發現這本書的？　書名：比打工度假更重要的11件事

□書店閒逛時＿＿＿＿書店 □不小心在網路書站看到（哪一家網路書店？）＿＿＿＿
□朋友的男朋友(女朋友)灑狗血推薦 □大田電子報或編輯病部落格 □大田FB粉絲專頁
□部落格版主推薦＿＿＿＿＿＿＿＿＿＿＿＿＿＿＿＿＿＿＿＿＿
□其他各種可能 ，是編輯沒想到的＿＿＿＿＿＿＿＿＿＿＿＿＿＿＿＿

你或許常常愛上新的咖啡廣告、新的偶像明星、新的衣服、新的香水……
但是，你怎麼愛上一本新書的？

□我覺得還滿便宜的啦！ □我被內容感動 □我對本書作者的作品有蒐集癖
□我最喜歡有贈品的書 □老實講「貴出版社」的整體包裝還滿合我意的 □以上皆非
□可能還有其他說法，請告訴我們你的說法

＿＿＿＿＿＿＿＿＿＿＿＿＿＿＿＿＿＿＿＿＿＿＿＿＿＿＿＿＿＿＿＿

你一定有不同凡響的閱讀嗜好，請告訴我們：

□哲學 □心理學 □宗教 □自然生態 □流行趨勢 □醫療保健 □ 財經企管□ 史地□ 傳記
□ 文學□ 散文□ 原住民 □ 小說□ 親子叢書□ 休閒旅遊□ 其他＿＿＿＿＿＿＿＿

你對於紙本書以及電子書一起出版時，你會先選擇購買

□ 紙本書□ 電子書□ 其他＿＿＿＿＿＿＿＿＿＿＿＿＿＿＿＿＿＿＿＿＿＿＿

如果本書出版電子版，你會購買嗎？

□ 會□ 不會□ 其他＿＿＿＿＿＿＿＿＿＿＿＿＿＿＿＿＿＿＿＿＿＿＿＿

你認為電子書有哪些品項讓你想要購買？

□ 純文學小說□ 輕小說□ 圖文書□ 旅遊資訊□ 心理勵志□ 語言學習□ 美容保養
□ 服裝搭配□ 攝影□ 寵物□ 其他＿＿＿＿＿＿＿＿＿＿＿＿＿＿＿＿

請說出對本書的其他意見：